第二次世界大戦とは何だったのか

戦争指導者たちの謀略と工作

渡辺惣樹

PHP文庫

○本表紙図柄＝ロゼッタ・ストーン（大英博物館蔵）
○本表紙デザイン＋紋章＝上田晃郷

文庫版まえがき

本書は二〇二二年初春に発刊し、好評を博した歴史書の文庫版である。本年（二〇二五年）は戦後八十年を迎え、「昭和百年」ともいわれる。歴史の教訓から、われわれは何を学ぶべきなのか。

歴史著述の本質は、世界各地の事件の連鎖を合理的なロジックで描写することにある。関連性のない独立した事象に見える事件も、当時の政治経済思想や宗教観あるいは人間関係などのファクターを通して俯瞰《ふかん》すると、思いもよらない「真の歴史の姿（相互関連性）」が見えてくる。

筆者はかつて島原の乱（一六三七〜三八年）は、ヨーロッパで続いていた三十年戦争（一六一八〜四八年）の局地戦であると指摘した（宮崎正弘氏との共著『戦後支配の正体 1945-2020』ビジネス社）。カソリック（カトリック）教徒とプロテスタントの壮絶なヨーロッパでの戦いは、島原の局地戦ではプロテスタントの勝利となった。徳川幕府軍に与《くみ》したオランダ軍船からの砲撃は、原城に籠《こも》る切支丹（カソリック教徒）の戦いの意志を挫《くじ》いた。オランダが徳川幕府から、唯《ただ》一国、貿易を許されたのはこのときの功績による。

英文資料には、このことを示す記述はあるが、日本側の資料にはオランダ軍船の艦砲射撃があったことはほとんど語られていない。資料は幅広く渉猟《しょうりょう》しなければ深い理解ができない典型例である。

政治経済思想や宗教観あるいは人間関係を、時空を広げて俯瞰するプロセスを経た歴史記述は立体感を生む。立体感があれば、読者の歴史理解に深みが生まれる。ところがそうしたプロセスを経た歴史著述は往々にして、一般的な教科書で語られる描写とは異なったものになる。その違和感が、深みのある（立体感のある）歴史記述であっても容易に受け入れられない原因となってしまうのである。

たとえば、米国（マシュー・ペリー提督）による日本開国事業だが、米国の真のターゲットは太平洋貿易ルート構築（真のターゲットは清国市場）にあり、日本には太平洋ハイウェイ（清国に至る蒸気船航路）の給炭の役割を期待していただけであった。この事実を知るには、米国の「日本開国プロジェクト」に関わる公文書を読み込まねばならず、当時の米国政権要路の発言や新聞の論説を読み込んだうえで、初めて合理的推論として提示できる（拙著『日本開国』草思社文庫）。日本側の資料やペリーの書いた（実際はフランシス・ホークスに代筆させた）航海記録などを読むだけでは導き出すことはできない。ペリーは、士官や水兵の日記等による航海記の発表を禁じていた。それでも数人の士官はその禁を破っていた。彼らの記録や当時の米国の政治事情、あるいは米英両国のアジア市場（とくに支那市場）をめぐる鍔迫《つばぜ》り合いの歴史を歴史解釈のファクターにすることで、ようやく米国の日本開国事業の本質が見えるのである。

また、明治維新期における日本の国造りが、英米の経済思想の対立（英国：自由貿易帝国主義、米国：保護貿易主義）と密接な関わりがあったことは、拙著『日米衝突の根源　1858-1908』（草思社文庫）で示した。このことは、かつて英国の植民地であった米国の経済学者が、「米国には英国を上回る工業立国の潜在的力があることを確信し、米国の将来のためには徹底的に国内の幼稚産業を保護しなくてはならない（工業立国化）」とするアメリカ学派を形成していたこと、日本の明治の指導者となる木戸孝允《たかよし》、大久保利通、伊藤博文らはそれを当時の米グラント政権が派遣した経済学者エラスムス・ペシャイン・スミス（外務省顧問）から教えられた。明治の偉人たちはアメリカ学派の経済思想を学んでいたのである。日本の明治期の発展は、米国経済思想との深い関わりのなかで初めて正確に理解できる。

歴史解釈の「縦糸」と「横糸」

歴史解釈には縦糸と横糸がある。縦糸が事件の連鎖とすれば、横糸はその連鎖を読み解くカギとなる政治経済思想や人脈などである。筆者は前述のように、縦糸と横糸のバランスをとりながら合理的推論に基づく歴史描写に腐心してきた。その作業は、縦横《たてよこ》の糸で織物を編《あ》む作業に似ている。捨象《しやしよう》できない歴史の細部も多く、大部の書にならざるを得ない。日本の開国以降の歩みを著《あらわ》した『日米衝突の根源 1858-1908』も『日米衝突の萌芽 1898-1918』（いずれも草思社文庫）も大部となったのはそれが理由である。

また筆者は、第一次世界大戦の惹起《じやっき》にウィンストン・チャーチルが深く関わっていたこと、そして彼の暗躍（自己栄達のための悪意）がなければ、あの大戦はヨーロッパ大陸の局地戦に終わっていた可能性を論じた（『英国の闇 チャーチル』ビジネス社）。この書でも、チャーチルの人物像を描き出すために、当時の英国上流階級の文化（英国貴族と米国新興富裕層との関係、英国上流階級の倫理観〈不倫は文化〉、英国社会におけるユダヤ金融勢力とチャーチル家の関係など）を横糸にした歴史著述を試みた。これも大部となった。

どの作品も好意的評価をいただいているが、批判もあった。筆者は真摯《しんし》な批判には耳を傾け、より合理的な歴史著述の参考にしたいと思っているが、残念なことに、批判の多くが高校教科書世界史Bに代表される一般書に記された事件の描写を鵜呑《うの》みにしての反論になっている。日本の一般歴史書では連鎖する事件一つ一つの考察が浅い。考察の浅い理由は三つある。

第一点は、日本の歴史家のほとんどが左翼リベラル思想を基本にした歴史解釈を行なっていることである。その結果、数ある歴史事象の取捨選択作業において、その思想に馴染《なじ》まない事件を取り上げない。これが不都合な事件の切り捨てと強引な解釈の原因となっている。

第二点は、そうした学者の、新しく発掘された資料に対する冷ややかな態度である。先の戦争（第二次世界大戦およびその局地戦である日米戦争）については、新資料の公開が続いている。新資料の発見は、時として歴史家の過去の作品を否定することになる。それを嫌がる学者の心理は理解できるが、歴史家の宿命として甘受《かんじゅ》せざるを得ないのである。

第三点は、すべての歴史家に当てはまるものではないが、彼らの英文資料の読み込みが不足していることである。

たとえば、第二次世界大戦期およびそれに続く冷戦期において、米民主党政権（ルーズベルト政権およびトルーマン政権）内に多くのソビエトスパイが潜入していたことを示すヴェノナ文書[*1]が発表されている。また、ソビエト崩壊後の一九九〇年代から多くのソビエト側資料も出ている。ヴェノナ文書を裏付ける資料を含め、新たな事実の発見があり、これにより一般歴史書の記述の修正が必要である。

また、筆者が翻訳を担当したハーバート・フーバー大統領の回顧録（『裏切られた自由 上・下』草思社）にも歴史の見直しを迫る多くの新発見がありながら、リベラル歴史家による積極的な解釈の見直しの動きはない。

正常な疑念こそ出発点

本書は、新発見の、あるいはこれまで省《かえり》みられなかった資料を利用し、おざなりの（リベラル歴史家に都合のよい）解釈で終わっている重要事件の深掘りを試みるものである。

先の大戦についても、さまざまな資料が発掘されている。たとえば、真珠湾攻撃に関して米国の罠があったのではないか（裏口参戦論：日本を挑発して先制攻撃させ、米国が欧州の戦争に介入する口実を得る）というと、「陰謀論者」「歴史修正論者」というレッテルを貼られ、激しく批判される。しかし、本書の第3章で詳述したとおり、フランクリン・デラノ・ルーズベルト（ＦＤＲ）政権が、一九四一年十二月七日（ハワイ時間）の真珠湾攻撃の可能性を予見していたことは間違いない。ハワイの地方紙も、日本が攻撃してくることを「記事」にしているほどである。

（本書の主題からは外れるが、トランプ米大統領はジョン・Ｆ・ケネディ暗殺の真相を究明すると公約している。米同時多発テロ事件「９・11」についても、いずれ真実が判明する日が来るだろう。同事件の「陰謀」について関心のある読者は、筆者の『トランプが戦争を止める』〈ＰＨＰ研究所〉を読んでいただきたい）

筆者は、読者は高校世界史教科書Ｂ程度の歴史知識をもっていることを念頭にして本書を執筆した。そうした読者が、本書を読了すれば、歴史解釈の縦糸が丈夫になり、その結果、一般的歴史解釈（筆者はこれを「釈明史観」と呼ぶ）に幾ばくかの疑念が湧くはずである。その正常な疑念こそが「合理的な歴史解釈」の出発点となる。高校教科書を読んでいない読者にも本書は役立つはずである。読了後に、教科書に代表される一般書を読めば、いかにその記述が浅く（縦糸

真珠湾で日本軍機の攻撃を受ける米戦艦群

が細く脆《もろ》い）、えてして間違った歴史解釈がなされているかに気づくはずである。

本書は一般的な意味での通史ではない。通史を読み込むための手引書（縦糸を丈夫にするための副読本）である。一つ一つの事象を深掘りしながら、他の事件との相互関連性に読者が気づくよう工夫したつもりである。

本書と通史を併せ読むことで、読者の歴史観が少なからず立体化し、合理的歴史解釈醸成の一助になれば幸いである。

＊1：John Earl Haynes & Harvey Klehr, *Venona: Decoding Soviet Espionage in America*, Yale University Press, 2000
あるいはRobert Louis Benson and Michael Warner, eds., *Venona: Soviet Espionage and The American Response, 1939-1957*, National Security Agency/Central Intelligence Agency, 1996

第二次世界大戦とは何だったのか

戦争指導者たちの謀略と工作

目次

第2章 日米開戦前夜の事件

第3章 英米の工作と真珠湾攻撃

第4章 原爆投下をめぐる狂気

第5章 戦争指導者たちの死

終章 戦争のリアリズム

序章

スペイン内戦と作品に隠された政治思想

共産主義者ピカソ

スペイン内戦は、共産主義国家の成立をフランコ軍が防いだ戦いであった。成立したフランコ政権は全体主義であったが、共産主義国家のそれよりはましであった。いずれにせよ、巷《ちまた》にはスペイン共和国（共産主義国家）に心情的に肩入れした一般書が目立つ。それがあの戦いの真の意味の理解の障害になっている。

歴史書だけでなく絵画、文学あるいはジャーナリズムの世界でも共和国を善、フランコ軍（および支援した独伊軍）を悪として描くものがほとんどである。歴史著述は底意をもつ「芸術や報道」によっても歪《ゆが》められている。本章の三節はそこに焦点を当て、歴史解釈を曇らせるファクターを除去するものである。

芸術家の政治思想は知っておいたほうがよい。彼らの作品に潜《ひそ》む、時に邪悪なメッセージに対する免疫がつくからである。たとえば、世の中には共産主義思想に染まった映画監督が多くの作品を発表している。彼らは、あからさまな共産主義思想を隠しながらメッセージを発するのがうまい。

彼らの作品には「名作」もあるので、すべて拒否するわけにはいかないが、その思想がどこかでしっぽを出す場面がある。監督が共産主義者であることを知っていれば、「突っ込み」を入れられる。そうすることであまり苛立《いらだ》たずに、彼らの作品を楽しむことができるのである。

そうした作品の典型が山田洋次監督の『男はつらいよ』シリーズだ。山田監督は日本共産党に期待するメッセージを繰り返し同党機関紙『赤旗』に掲載しているが、筆者は寅さん映画を堪能《たんのう》したあとに、「日本が共産主義社会になったら、最初に粛清《しゅくせい》されるのは寅さん（のような男たち）だろうな」と呟《つぶや》くのである。

ピカソも共産主義者だった。彼自身、「余は如何《いか》にして共産主義者になりし乎《か》」を発表した（一九四四年十月）[*1]。その中で、自身の作品を通じて共産主義思想を拡散させるとはっきり書いている。彼は第二次世界大戦中フランス共産党に入党した。

「(仏)共産党への入党はわが人生の当然の帰結である。私は自身の作品に常に(共産主義思想の)意味付けをしてきた」

「共産主義者は最高の勇士である。彼らの姿はフランスでも、ソビエトでもそしてわが故国スペインでも見ることができる。パリには同志がたくさんいる。物理学者のポール・ランジュヴァンあるいはフレデリック・ジョリオ・キュリー。作家のルイ・アラゴンやポール・エルアール」

スペイン共和国は一九三一年に成立した。一九三六年には人民戦線内閣が成立し、共産主義国家に変貌《へんぼう》した。陸軍将軍であったフランシスコ・フランコによる反革命の軍事行動が始まると、共産主義の西ヨーロッパへの拡散を嫌う独伊両国がフランコ軍を軍事支援した。共和国は、必死にソビエト(スターリン)に軍事支援を求めたが断られた。当時の英国が「正しい」外交政策をとっていたため、スターリンは動けなかったのである。

英国は、表向きはスペイン内戦に中立を保ちながら、心情的に独伊両国を支援した（両国の軍事支援を黙認した）。そのことを知っていたスターリンは、ソビエトが介入すれば、英国は本格的な独伊支援に回ると怖れた。だからこそ共和国軍をひそかに訓練したり、武器を供給する程度のことしかできなかった。

＊1：Pablo Picasso, Why I became a Communist, October 1944
http://www.idcommunism.com/2016/04/pablo-picasso-why-i-became-communist.html

「ゲルニカ」を描かせたスペイン共和国政府

内戦の続く一九三七年一月、スペイン共和国政府は同国の共産主義思想を称《しょう》揚《よう》する作品の制作をピカソに依頼した。同年五月から開催予定のパリ万博で展示するためである。構想に悩むピカソに最高のインスピレーションを与えたのが、ドイツ空軍によるゲルニカ空爆だった（四月二十六日）。ゲルニカ郊外には軍需工場があったが、空爆被害は民間人にも及んだ。ドイツ批判にはもってこいの題材となった[*1]。

ピカソは二カ月間制作に没頭した。政府の依頼であるだけにコスト度外視で、高さ三・五メートル、幅七・八メートルの大作「ゲルニカ」を描き上げた。そこにはドイツ空軍機もなく、抵抗する市民の姿もない。残虐と恐怖だけに純化させたピカソ独特のビジュアル表現があった。パリ万博の開会には間に合わなかったが、夏には展示にこぎつけた。
当然ながら、ドイツ政府はこの作品の政治性にたちまち気づくと、準備したドイツ語のパリ万博ガイドブックで、「赤いスペインの展示物は見てはならない」と注意を喚起した。[*2]
万博が終わるとアインシュタインやヘミングウェイが米国での展示を企画した。ワシントンＤＣではスペイン共和国支援基金を募る展示会が開催され、「赤いファーストレディ」と呼ばれたエレノア・ルーズベルト大統領夫人も参加した。[*3]
高校生が学ぶ世界史教科書には、ピカソは、「スペイン内戦の際、ドイツ空軍の爆撃で焦土となったスペインの小都市ゲルニカを題材にして、戦争への憎しみと怒りをこめた作品を描いた」（山川出版社[*4]）とある。筆者はこの記述に、「少なくともピカソが共産主義の画家であることぐらい注記しなさい」と突っ込みを入れるのである。

＊1、2、3：Scott Johnson, Picasso's Guernica, *International Socialist Review*, March-April 2007
https://isreview.org/issues/52/guernica/

＊4：『新世界史』山川出版社、二〇一五年、三七二頁

「崩れ落ちる兵士」の嘘

　スペイン内戦とは何だったのかを正しく解釈できれば、第二次世界大戦もその「局地戦」であった日米戦争も本質が見えてくる。しかし、スペイン内戦についてはくり返しになるが、プロパガンダ写真や小説、映画などが溢《あふ》れ、誤解されたままである。

　スペインは、西ヨーロッパ諸国の中でも近代化が遅れていた。その理由は、カソリック教会が政治に介入していたからだった。とくにスペイン南部では大規模農園主と教会組織の結びつきが顕著で、国民教育もカソリック系の学校が担《にな》っていた。

　米国は、カソリック教会の政治からの排除の難しさをフィリピン統治で味わった。米西戦争の勝利を受けて、米国はフィリピンをスペインから得た（形式的には購入：一八九八年）。原住インディアンの「啓蒙」（居留地への囲い込み、定住化）を終えた米国は、今度は太平洋を越えてフィリピンの「野蛮人」の啓蒙にやって来た。その任に当たったのはウィリアム・タフト民政長官（のちの大統領）だった。

植民地フィリピンは米国の強引な手法でそれなりの政教分離と自作農創出に成功したが、本国スペインでは、土地所有の偏在（地主階級五万人、小作農二〇〇万人）は是正されなかった。教会は地主層と一体となりスペイン近代化の障害となっていた。

そのスペインに共産主義思想が流入すると、多くの国民がそれになびいた。一九三一年四月の選挙で、共和制を求める勢力が勝利すると、国王（アルフォンソ一三世）はイタリアに逃げた。共和制に移行しても労働争議は続き、外国資本は逃げた。一九三六年の選挙では左翼勢力が人民戦線を結成し、かろうじて共和制を維持した。彼らは、カソリック教会を敵視した。教会に放火し、カソリック系の学校を閉鎖した。

こうしたなかで、左傾化を嫌う軍人グループは共和国打倒を宣言した（三六年七月）。スペイン内戦の始まりである。マドリードの共和国政府に反旗を翻《ひるがえ》した北アフリカ軍司令官フランシスコ・フランコを独伊が支援した。カソリック教会がフランコの側に立ったのはいうまでもない。独伊両国は、共和国が共産主義国家となっていたことを見破っていた。共産主義の拡散を怖れた英国は、中立を保ちながらスターリンを牽制《けんせい》した。ソビエトに共和国への軍事支援をさせない一方で、独伊のフランコ軍支援には目をつぶった。

一九三六年八月五日、ナチスを嫌うユダヤ人の男女二人がパリからスペインに発《た》った。ロバート・キャパとゲルダ・タローである。二人はマドリードを経由して、戦いの激化する南部コルドバの戦線に向かった。無名の戦場カメラマンに便宜《べんぎ》を図ったのは共和国軍宣伝部であった。[*1]「戦争の残酷さを示す素材」はどこにでもあった。当時のスペインにはカソリック司祭は一一万五〇〇〇人いたが、七九三七人が共和国軍に殺害されてい

ロバート・キャパの「崩れ落ちる兵士」
(FILES-ITALY-ART-PHOTOGRAPHY-LIFE MAGAZINE-EXHIBITION)

た。内二八三人は尼僧だった。[*2] 二人はこれを被写体にする気はなかった。あくまで「ナチス（に支援されたフランコ軍）の非道」を撮らなくてはならなかった。しかし、適当な被写体は容易には見つからなかった。

九月四日、二人はエスペホの村にいた。コルドバの前線からは五〇キロメートルも離れていたこの地で戦いが起こるはずもなかったが、二人は、共和国軍の兵士に頼み込み、戦いの真似事をさせた。見事な演技で倒れ込む兵士を撮った写真が「崩れ落ちる兵士」である。このフェイク写真は、『ライフ』

誌などに掲載され、反フランコ・反ナチス感情を煽《あお》った。キャパは一躍時の人となり、戦場カメラマンのスターとなった。この写真がフェイクであることは、写真背後の山並みから撮影地が特定されたことで露見《ろけん》した。ここでは、撮影の日に戦闘はなかったのである。

「崩れ落ちる兵士」は、ピカソの心を動かした。[*3]彼の「名画」ゲルニカ制作の動機がここにもあった。戦争報道写真には、プロパガンダがつきものだ。歴史研究者が疑い深くなくてはならない理由がここにもある。

＊1：吉岡栄二郎『ロバート・キャパの謎』青弓社、二〇一四年、一九二頁
＊2：同前、二四頁
＊3：同前、二三一頁

第1章

ソビエトのスパイ工作とルーズベルトの能天気

「疑似共産主義政権」であったルーズベルト政権

本章では一九三三年に発足したフランクリン・デラノ・ルーズベルト（FDR）政権が、実質共産主義者に乗っ取られていた「疑似共産主義政権」であったのではないかと疑わせる事象を扱う。

米国民は、第一次世界大戦に参戦を決めたウッドロー・ウィルソン（民主党）の外交に幻滅していた。パリ講和会議を経て成立したベルサイユ体制はすわりが悪く、戦勝国であった英仏は、ベルサイユ条約（対独）およびサンジェルマン条約（対墺）で成立した小国の強欲を抑制することに汲々《きゅうきゅう》とした。戦勝国は大国小国を問わず、ドイツに対する不正義（約束に反した懲罰的条約：ベルサイユ条約の規定する諸条件）を何とか正当化しようと試みた。しかし、結局はそれに失敗した（ベルサイユ体制の崩壊現象が第二次世界大戦である）。このことを理解しなければ、ドイツ国民がなぜヒトラー政権を誕生させたか理解できない。

第一次世界大戦では、米国も参戦し、多くの若者を犠牲にした。しかしヨーロッパ大陸に安定は訪れなかった。

米国民は建国の父たちの遺訓（ヨーロッパ問題非介入）の正しさに、「ひどい火傷《やけど》」を負って初めて気づいたのである。米国民は、ウッドロー・ウィルソン政権以降、干渉主義政党である民主党にけっして政権をとらせなかった。民主党が、一九三二年の選挙でハーバート・フーバー政権を倒せたのは、一九二九年秋から始まった世界恐慌を奇貨としたからであった。

歴代の共和党政権は、一九一七年の十月革命（グレゴリオ暦十一月）を機に成立したソビエトをけっして国家承認しなかった。しかし、ルーズベルト政権は政権一年目（一九三三年）に、直ちにソビエトを正式承認した。承認の条件は、けっして内政干渉しない（世界革命思想による政治工作をしない）ことであったが、ソビエトがそれを守るはずもなかった。米国内に跋扈《ばっこ》する共産主義者グループ、労働組合、左翼思想家など、「第五列」を利用した工作を開始した。スターリンは留学生を装ったスパイを全米の大学に送り込み、米国の最先端技術を盗ませた。

一九三三年、大統領となったFDRはニューディール政策と呼ばれる社会主義的統制経済を始めた。筆者の世代（一九五四年生まれ）だけでなく、その前の団塊世代も、「ニューディールは、世界恐慌からの脱出をめざした進歩主義的政策」と賛辞した教科書を読んだ。政策の目玉の一つにテネシー川流域開発公社（TVA：Tennessee Valley Authority）の設立があった。試験にもよく出題された。

一方で、原爆開発プロジェクトによるウラニウム濃縮施設がテネシー州オークリッジに建設されたことや、濃縮にはTVAからふんだんに供給される電力が使われたことを知るものは少ない。日本に落とされた原爆の原料がTVAの電気を利用したテネシー産であったことを教える歴史教師はどこにもいなかった。

ニューディール政策の中核組織に全国復興庁（NRA：National Recovery Administration）があった。NRAは、すべての消費財をコード化し、価格や生産量を決定した。資本主義制度の根幹を否定する、ソビエトも驚く政策を次々と実施した。米最高裁がＮＲＡを違憲組織と判断したのも当然だった（一九三五年）。ニューディール政策は、国家予算の「バラマキ」で、資金の出る蛇口に近い組織や人物を喜ばせた。しかし、経済成長を生むインフラ整備には役に立たず、失業者は一向に減らなかった。米経済の回復は、ヨーロッパの戦端が開き、英仏に軍需品供給を始めた一九三九年九月以降のことである。

大きな政府は必ず全体主義化する「癖」がある。大きな政府は大量の役人を必要とする。その結果、ＦＤＲ政権での政府機関職員採用時のバックグラウンドチェックは甘くなった。米共産党員でさえも防諜の要《かなめ》となるＯＳＳ（戦略情報局：Office of Strategic Services、ＣＩＡの前身）に採用された。たとえば、レオナルド・ミンスは米共産党員でありながら、ＯＳＳの天然資源情報担当官となった。

政権中枢では、容共思想のハリー・ホプキンスが大統領側近として米外交をリードした。財務長官ヘンリー・モーゲンソーは、ＦＤＲの親友の立場を利用して国務長官コーデル・ハルを差し置いて外交問題に口を挟んだ。モーゲンソーの右腕がソビエトスパイであるハリー・デクスター・ホワイトであった。日本を対米戦やむ無しと決断させた「ハルノート」原案を起草した人物である。

国務省には、同じく「ヴェノナ文書」でスパイが確定したアルジャー・ヒスがいた。彼は、死期迫るルーズベルトに代わってヤルタ会談の実務を仕切り、ソビエトに日本固有の領土までも分け与える条件で対日戦争参戦を実現した。国際連合設立についても事務方のトップとして活躍した。

ワシントン議会は、活発化する「第五列」運動に苛立っていた。米下院が、彼らの活動の調査を始めたのは一九三八年のことである（非米活動調査委員会）。三九年の調査対象になった団体に米青年議会（ＡＹＣ：American Youth Congress）がある。ＡＹＣは米青年共産主義者同盟（Young Communist League）と密接な関係にあった。

調査が始まると、若き共産主義者たちは大挙して委員会室になだれ込み議事妨害を企《くわだ》てた。驚くことに、彼らの先頭にいたのはエレノアＦＤＲ大統領夫人

ダイス委員会(非米活動調査委員会)で証言するジョセフ・ラッシュ(1939年11月11日)

であった。

フェミニズム運動をきっかけに共産主義思想に染まり、「赤いファーストレディ」と呼ばれたエレノアの後ろ盾を得た彼らは強気だった。マーチン・ダイス委員長（共和党：テキサス州）に罵声を浴びせ、共産主義礼賛のビラを撒《ま》いた。その一人がジョセフ・ラッシュ（ロシア系ユダヤ人：アメリカ学生連盟書記長）だった。[*1]

エレノアはこの男を気に入った（好きになった）。FDR三選を狙う選挙（一九四〇年）では、彼を民主党全国委員会青年部長に推《お》し込んだ。二人の関係を怪しんだ米陸軍情報部はエレノアの監視を始めた。彼女の私信をひそかに開封し、ホテル宿泊時には盗聴した。ラッシュも監視対象だった。陸軍は二人が一九四三年には愛人関係になったことを確認した。

こうした事実に鑑《かんが》みれば、ルーズベルト政権は「疑似共産主義政権」であった。日本は実質共産主義国家である米国と戦い敗北したのである。本章は、それをより具体的に指摘することで、歴史の丈夫な「縦糸」を提供するものである。

＊１：Sara Prager, The Queer Truth Behind Eleanor Roosevelt's Feminism, NewNowNext, March 1, 2021

ソビエト型計画経済に憧れた米国の経済学者

ハーバート・フーバー元大統領はその書『裏切られた自由』の冒頭（第一章から第五章）を共産主義の分析とFDR政権のソビエト国家承認（一九三三年十一月）の愚かさの描写にあてた。そのうえで同政権内に跋扈《ばっこ》したソビエトシンパあるいはエージェント（スパイ）であった高級官僚の名を記し、米国の内政・外交がいかにソビエトの工作活動によって歪められていたかを明らかにした。

FDR政権内にはソビエト型計画経済に憧れたブレイントラストと呼ばれる一群の経済学者がいた。FDRは、ソビエトが第一次五カ年計画（一九二八〜三二年）を「成功」させ順調に経済発展していると考えた。ブレイントラストの建策で始めたニューディール政策は、ソビエトの計画経済を真似た国家統制的手法であった。

ＦＤＲはスターリンに対していっさいの警戒心を見せなかったばかりか、尊《そん》崇《すう》していた形跡さえある。

一九三三年一月、スターリンは第一次五カ年計画の「成功」を自画自賛する演説をぶった。その最後を次のように締めくくった。

「計画の成功によって、共産主義的経済運営以外のいかなる方法でも、経済発展の過程で発生する諸問題の解決はできないことが立証された。資本主義経済システムは破綻《はたん》しその安定を失った。ソビエト型経済システムにその座を譲らなくてはならない。（中略）五カ年計画（の成功）は、共産党が無敵であることを示した[*1]」

長い演説であったが、スターリンはある事実を隠していた。彼は語らなかったが、同計画には多くの米国人が活躍していたのである。

計画二年目にあたる一九二九年には、およそ一七〇〇人の技術者がソビエトに入り各種プロジェクトにアドバイザーとして参加した。スターリンは、計画開始の一年前（二七年九月）、共産党中央委員会内部に米国の技術情報獲得をめざす小委員会を設置した。両国の国交がない時代であったが、スターリンは同国内に米国企業が工場を設置すれば一定の利益を保証するとして対ソ投資を促していた。[*2]

この時期のホワイトハウス（ハーバート・フーバー政権）は、労働組合を煽動《せんどう》したストライキで内政干渉（コミンテルン工作）を企てるソビエトのやり方に苦虫を嚙《か》み潰《つぶ》していたが、軍事的脅威とは見なさなかった。よちよち歩きの後進国にすぎないと「見下し」ていた。米国経済界は、ソビエトの経済発展に寄与することが何をもたらすかなど考えもせず、スターリンの甘い言葉に乗った。

＊1：J.V.Stalin, The Results of the First Five-Year Plan
https://www.marxists.org/reference/archive/stalin/works/1933/01/07.htm

＊2：Svetlana Lokhova, *The Spy who changed History*, William Collins, 2018, p54

盗まれた米国の最新航空技術

スターリンは共産主義の将来に強気な言葉を吐きながらも、自国の科学技術力が絶望的に遅れていることを知るリアリストだった。一九二〇年代は米国が未曾有《みぞう》の発展を遂げた「狂騒の時代（Roaring Twenties）」であった。米国企業のソビエト進出はその波に乗ったものだった。この時期のソビエトは、米国企業が持ち込んでくる最新製造ノウハウ（とくに大量生産手法）を何の苦労もなく国内に移転してもらえた。

ところが、その米国企業が世界恐慌の勃発《ぼっぱつ》（一九二九年十月）を受けて対ソ投資を見直し、漸次《ぜんじ》撤退を始めたのである。ソビエトには米国企業をつなぎとめる資金がなかった。米人アドバイザーも次々と帰国していった。スターリンはこの状況を座視できなかった。

日本とドイツはソビエトの内政干渉（赤化工作）が、安全保障上由々しき事態であると警戒していた。スターリンは両国との戦いは不可避であると確信した。座したままでは、日独と戦える近代兵器の開発はできないと考えた彼は、積極的に米国最新技術情報を取りに（盗みに）行くと決めた。

一九三一年夏、ニューヨークにソビエトの将来を担う総勢七五人の若手研究者（留学生）が次々とやって来た。みな選《え》りすぐりの優秀な若者であった。彼らの専門は建築学、都市工学、鉱山学、造船学、航空工学といった技術系分野が中心であった。[*1] 米国の大学に学ばせたうえで時間をかけてでも米国産業界（軍事産業）とのコネクションを構築させる。そのうえで最先端技術を盗み出させるのである。

留学生の一人にスタニスラフ・シュモフスキがいた。マサチューセッツ工科大学（MIT：ケンブリッジ市）で航空工学を学ぶことが決まっていた。彼はNKVD（ソビエト内務人民委員部）が養成したプロのスパイでもあった。

一九三〇年代は航空工学が著《いちじる》しい発展を見せた時期である。MITはこの分野で最先端の研究を進めていた。新型航空機の開発に不可欠な実験設備は風洞《ふうどう》であった。MITはユダヤ系財閥のグッゲンハイム基金から多額の寄附を受け、最先端の風洞実験施設を備えていた。*2

そのこともあってMITは航空業界との親密な関係を築いていた。業界の直面する技術的「壁」を産学共同で克服する立ち位置にいた。MITは、航空工学を学ぶロシア人留学生にとっては最新技術を学べる（盗める）だけではなく、アメリカ航空機製造メーカーとの人的交流が期待できる最適な環境を提供していた。

シュモフスキは、MITの第三三番校舎で行なわれる講義と実験に没頭した。時の経過とともに、ロシア人留学生だと感じることが難しいほどに米人学生のなかに溶け込んでいった。他大学の研究者あるいは民間企業の技術者とも積極的に交流した。まったく警戒されず順調に情報収集は進んだが、それをモスクワに送る作業は面倒だった。機密書類（情報）はいったんニューヨークのNKVDの秘密工作アジトに運ばれ、マイクロフィルム化しなくてはならなかった。原本は盗み出した場所に気づかれないように戻された。マイクロフィルムはニューヨークにやって来る船員（スパイ）がブレーメン（独）やシェルブール（仏）にもち出し、そこからモスクワに運ばれた。

共和党フーバー政権の後を襲ったFDR民主党政権は、ソビエトを正式に国家承認した（一九三三年十一月十六日）。十月から始まった交渉で、ソビエト代表マクシム・リトヴィノフは、「内政にはいっさい干渉しない」とする偽《いつわ》りの声明を出し、国家承認に反対する米国保守派を沈黙させた。

十一月八日、シュモフスキはMIT構内でソビエト革命十六周年を祝賀する盛大なパーティーを催《もよお》した。カール・コンプトン学長も招かれスピーチした。クリスマスになるとコンプトン学長にシュモフスキからキャビアとロシア製高級煙草が届けられた。*3 シュモフスキは国交の樹立を心から喜んだ。これからは機密情報は外交行嚢《こうのう》を使って堂々ともち出せる。

一九三七年六月二十日、米西海岸コロンビア川北岸のピアソン陸軍飛行場（ワシントン州）に見慣れぬ飛行機が舞い降りた。異様に長い翼の単葉機ツポレフ（ANT-25）であった。翼内部に燃料タンクを設け長距離飛行を可能にしたソビエトの最新型長距離機だった。
パイロットとナビゲーター二人を乗せた同機は、二日前（十八日）の早朝四時四分にモスクワ郊外シチョルコヴォ空港を飛び立つと、北極上空を通過してカリフォルニア州南部をめざした。目的地を目前にしてオイル漏れが発生し、ピアソン陸軍飛行場に緊急着陸した。最終目的地までの飛行は叶《かな》わなかったが、同空港までの九一三〇キロメートルを六十三時間十六分で飛行できたことは十分すぎるほどの成果であった。*4

ANTは同機を設計したアンドレーイ・ニコラエヴィチ・ツポレフの頭文字である。シュモフスキは、米国の最新技術を盗み出しツポレフに伝えただけでなく、彼の複数回の米国視察旅行の便宜も図った。彼らの努力の集大成がANT-25の北極航路飛行の成功であった。その機体には米国を嘲《あざけ》るように「スターリンの足跡」（ロシア語）と書かれていた。ANT-25の飛行成功は、軍事的に見ればソビエトが長距離爆撃機製造を視野に入れた航空機開発を進めていることを意味した。

しかし、FDR政権はその事実に無頓着《むとんちゃく》であった。アメリカの安全保障が脅《おびや》かされるなどとは思いもしなかった。

七月、ANT-25は再び同じ航路を飛びカリフォルニア州サンディエゴ郊外に現れた。ハリウッド映画界は子役スター、シャーリー・テンプルを動員しパイロットらを歓迎した。FDRは祝電を打ち、彼らをホワイトハウスに招待した（七月二十六日）。FDRは上機嫌で十五分の会見を三十分に延ばした。シュモフスキは通訳として立ち会った。ソビエトプロパーのスパイが初めてホワイトハウスに入ったのである。[*5]

「正統派」歴史学者（釈明史観主義者）は、ソビエトのスパイ工作の実態とFDRの「能天気ぶり」を書かない。冷戦の生みの親がFDRであったことが露見するからである。

＊1：Svetlana Lokhova, *The Spy who changed History*, William Collins, 2018, p95

＊2：同右、p124

＊3：同右、p132

＊4：https://www.thisdayinaviation.com/tag/tupolev-ant-25/

＊5：*The Spy who changed History*, p285

『ニューヨーク・タイムズ』の怪しいジャーナリスト

二〇〇五年十一月十八日のニューヨークは、すでに冬の気配を感じさせる底冷えのする日であった。マンハッタンにあるニューヨーク・タイムズ本社前で抗議の気勢を上げるウクライナ系国民の一団がいた。彼らは七十年以上前に『ニューヨーク・タイムズ』紙の報道した記事に激しい批難の声を浴びせていた。

この一団が糾弾《きゅうだん》する記事を執筆したのは、元モスクワ支局長ウォルター・デュランティだった。デュランティは一九二二年から四一年までその任にあり、自身の書き上げた記事を嬉々《きき》としてソビエト当局に検閲させていた。ソビエト当局の意に沿った記事は、文字どおり西側世界に「垂れ流された」。

スターリンの第一次五カ年計画（一九二八〜三二年）の核は、農業の集団化（コルホーズ化）であった。この政策に農民は激しく抵抗した。それがとくに目立ったのは、ソビエトの穀倉地帯ウクライナであった。工業化をめざすスターリンにとって、外貨の獲得がどうしても必要だった。その外貨は穀物の輸出で獲得するしかなかった時代である。ウクライナには過酷な供出量が割り当てられた。

コルホーズ化に抵抗する自作農層はスターリンの敵となった。集団化は農民の勤労意欲を削《そ》ぎ、農業生産は減少した。それでも厳しい供出ノルマが課された。食糧を生産するはずの農民が餓死する事態にまで悪化した。生き延びるために供出食糧を隠す農民は容赦なく強制労働に引き立てられた。シベリアでの森林伐採や、白海の運河建設作業は過酷を極め、多くの農民が見知らぬ土地で息絶えた。

ウクライナでは六〇〇万人から一〇〇〇万人が餓死したと推定されている（一九三二〜三三年）。この人為的飢饉《ききん》はホロドモールと呼ばれている。

デュランティは農業の集団化政策を称賛した。「オムレツを食べるには（集団化を成功させるには）、卵の殻を割る必要がある（ある程度、農民が苦しんでも仕方がない）」と主張した（一九三三年三月）。

このころのアメリカは、一九二九年十月末に始まった不況に苦しんでいた。彼らアメリカの産業界、金融界はソビエト市場に活路を見出そうとしていた。彼らの期待を担って大統領職を狙うニューヨーク州知事FDRは、一時帰国していたデュランティに会った。ソビエトの経済状況を聴取するためであった。FDRはとりわけソビエトの金（ゴールド）保有量について興味を示した。当時の米国は、ソビエトという共産主義国家を承認していなかったから、米国外交官はモスクワに赴任していない時代である。デュランティは数少ないソビエト通と見なされていた。

FDRは一九三二年の大統領選挙に勝利すると、間髪《かんはつ》を容《い》れずソビエトの国家承認に動いた。国務省東欧部は、バルト諸国に若手外交官を派遣して、ソビエトの国内事情を探らせていた。そうした外交官の一人にジョージ・ケナンがいた。のちに外交史家として名を成す人物である。

彼は、ソビエト国内に居住を許されたジャーナリストが発信するソビエトをバラ色に飾る報道に苦虫を噛み潰した。彼が現地で入手する情報とあまりに違っていたからである。怪しいジャーナリストをリストにして本省に報告した。

彼は、米国とソビエトの共存は不可能だと確信していた。

「ソビエトロシアの現在の体制は、われわれの伝統的システムとは対極にあり、それは変わることのない性格のものである。（中略）どちらか一つのやり方にならざるをえない。つまり、これからの二、三十年のあいだにロシアが資本主義国家となるか、われわれが共産主義者になるかという選択となる」[*1]

ソビエトをバラ色に語るデュランティの言葉に沿ってFDR政権がソビエトを承認し、外交関係を樹立したのは一九三三年十一月のことであった。この承認が、このあとの日本の運命を決めた。「優れた」ソビエト報道を評価されたデュランティは、一九三二年度のピュリツァー賞を受賞した。

二〇〇五年晩秋のニューヨーク・タイムズ本社への抗議デモはこの賞の返還を求めるものだった。『ニューヨーク・タイムズ』紙はこの抗議に応えていない。ピュリツァー賞選考委員会も、デュランティが意図的に読者を欺《あざむ》こうとした証拠はないとして、賞の撤回を拒否したままである。

＊１：Walter Isaacson & Evan Thomas, *The Wise Men*, Simon & Schuster, 1986, p149

選挙に関するスターリンの「名言」

スターリンの政敵を根こそぎにする大粛清（グレイトパージ）が始まったのは一九三六年のことである。彼は、党幹部や軍高官をターゲットとしたが、それだけではなく西洋民主主義国家と接触があった人物はすべて警戒対象だった。そのためスペイン内戦で戦った者（前述したようにスペイン共和国政府は共産主義政権だった）、米国でスパイ業務に就《つ》いた者、あるいは外交関係者などが疑われた。粛清の嵐が過ぎた一九三八年までに、公式記録だけでも一五〇万人以上が拘束《こうそく》され、およそ六八万人が銃殺されたとある。実際の数字はこの倍にのぼると推定されている。[*1]

亡命者が相次いだのはこのころであった。その一人にギリシャ公使（陸軍少将）だったアレクサンドル・バルミン（一八九九～一九八七年）がいた。バルミンは、当時開かれていたパリ万博訪問を装いパリに向かい、そこで姿を消した。彼が、米国亡命の意を決しパリの米国大使館に駆け込んだのは、一九三九年春のことであった。ソビエトからは刺客が送られたが難を免《まぬが》れ、第二次世界大戦期にはOSSに勤めた。

一九四五年、バルミンの逃亡記録『One Who Survived』が出版されると、日本でも邦訳版『私は何故ソ連を逃げたか』[*2]が出された。バルミンは外交畑に移る前は、外国貿易省に勤め、モスクワ国際図書会社の代表の一人だった。業務の一つに、文房具（鉛筆）の国産化プロジェクトがあった。しかしそれはうまくいかなかった。「わがロシアの鉛筆企業は、どうしてもハマー博士の水準に追いつけなかった[*3]」と回想している。

ハマー博士とは、共産主義思想に傾倒した米国人アーマンド・ハマー（一八九八〜一九九〇年）のことである。革命後に訪ソし、レーニンに気に入られた。ハマーは、一定量の鉛筆製造の独占を許され、さらにはフォード車やトラクターの輸入も手掛けた。穀物の輸出にも関わり、巨利を得た。戦後は独立系オイルメジャー「オクシー」の総帥となり政商として活躍した。

共産主義国家の経済発展には米人企業家（共産主義者）の利用が欠かせない。ハマーはその典型であった。革命後のソビエトに協力した米人企業家は多いのである。

バルミン公使の亡命は、大粛清が始まってからのものだったが、もっと早い段階でスターリンの本質を見抜き、逃げた人物もいた。それがボリス・バザノフ（一九〇〇～八二年）である。バザノフは共産党中央委員会政治局の書記役（一九二〇～二八年）だったが、実質はスターリンの個人秘書だった。権力者の個人秘書は、いまも変わらぬ出世コースである。彼はあのスターリンにさえ気に入られ政治局でも信頼を得ていた。まだ二十八歳だった。

しかし、バザノフは上司スターリンのあまりの残虐さに耐えられなかった。一九二八年一月一日、彼はクレムリンの極秘資料を手に、モスクワから逃げた。「彼（バザノフ）は、OGPU（のちのKGB）に追われながらパリに逃げた。そこで西側諸国にソビエトの実態を伝える書を綴《つづ》った。スターリンは彼を監視し、繰り返し暗殺を企てた」

「バザノフは、そのままの地位に留《とど》まれば出世することは確実だった。彼の後任がゲオルギー・マレンコフ（スターリン死後の首相）であったことを考えればそれがわかる」[*4]

スターリンは党幹部の交信を盗聴し、政治局選挙を工作した。潜在的政敵が一掃《いっそう》される経緯は、バザノフの残した数々の書に赤裸々《せきらら》に描かれている。その一つに、一九三〇年に出版され、九〇年にオハイオ大学出版部によって英訳復刻された『バザノフとスターリン糾弾』[*5]がある。邦訳版はない。

バザノフは、『スターリン元秘書官のメモワール』（一九八〇年仏語版、未邦訳）も上梓《じょうし》しているが、これには英語版もない。彼は、スターリンの身近にいただけに、生の言葉を聞いていた。同書第五章末尾にスターリンの「名言」が書かれている。[*6]

「同志よ！　選挙で重要なのは誰が誰に投票するかではない。誰がどういうやり方で票をカウントするかだ」

＊1：Nikola Budanovic, Stalin's Great Purge, War History Online, September 10, 2016
https://www.warhistoryonline.com/world-war-ii/10-facts-stalins-great-purge.html
＊2：アレクサンドル・バルミン『私は何故ソ連を逃げたか』逍遥書院、一九四九年
＊3：同右、三七頁
＊4：Bazhanov and the Damnation of Stalin, Ohio University Press HP
＊5：原題：*Bazhanov and The Damnation of Stalin*
＊6：David Emery, Stalin: It isn't the people who vote that count, January 20, 2019

トロツキーとスターリンの対立

そもそもロシア革命は、英仏米の愚かな外交がなければけっして成就しなかった。一九一七年春の三月革命（ロシア暦二月革命）後、しばらくして発足したアレクサンドル・ケレンスキー内閣に、強い圧力をかけ対独戦争継続を迫ったのは英仏だった。米（ウッドロー・ウィルソン大統領）の支援も対独戦争継続を条件としたひも付きであった。

ケレンスキー内閣が、国民の厭戦《えんせん》気分にもかかわらず対独戦争を継続せざるを得なかったのは、東部戦線を維持させたかった英仏米の圧力があったからだった。軍部強硬派の意向だけではなかったのである。そんななかで、持ち前のスピーチ力で国民の強烈な厭戦気分を煽ったのがレフ・トロツキーであった。[*1]

レーニンが指導するボリシェビキが、ケレンスキー内閣をあっけないほどのスピードで排除（十一月革命〈ロシア暦十月革命〉）できたのは国民の戦いを止めたいという強い意志があったからだった。トロツキーは、レーニンの指示を受け、対独戦争を終結させた（ブレスト・リトフスク条約：一九一八年三月三日）。

トロツキーともう一人の革命の立役者スターリンとの相性は悪かった。レーニンの死後（一九二四年一月二十一日）も、二人の対立は続いた。スターリンが主流派を形成したが、トロツキーは、ジノヴィエフやカーメネフらと反対勢力(Opposition Left）を形成し対抗した。

レーニンは死の一年ほど前、次のように書いていた（一九二二年十二月二十三、二十四日）。

「スターリン同志は、書記長就任で強大な権力を手中にした。彼がこの権力をうまく使いこなせるか不安である。（中略）一方のトロツキー同志は、現在の中央委員会メンバーの中で最も有能であると思う。彼についての心配は、あまりに自信過剰なことである。組織管理について行き過ぎるところもある」

「ここで同志諸君にスターリン同志を現在の役職（注：党書記長）から外す方策を考えてほしいと思う。そのうえで、彼とは違う性格の、つまりもう少し寛容で、党により忠誠的で、仲間に思いやりのある人物に交代させるのである」[*2]

一九二六年十月二十五日、二人の対立は最高潮に達した。この日、党政治局(Politburo)会議があった。この日のスターリンは機嫌が悪かった。この一週間前、『ニューヨーク・タイムズ』紙が上記のレーニンの遺言を公表していた。会議では、スターリンは政治局メンバーにあらためて完全なる服従を要求した。

ところがトロツキーは、「書記長の立場を利用して革命を潰そうとしている」とスターリンを激しく糾弾した。「縛られていた男が縄から解放されて思う存分にその仕返し」[*3]をするかのような振る舞いだったらしい。指弾されたスターリンは激高したまま議場から立ち去った。

トロツキーの行動は、反スターリン派の仲間を困惑させた。彼らはトロツキーのアパートに集まり、彼の思慮に欠けた振る舞いを詰《なじ》った。「二人の仲が悪いのはわかっているが、レフ（トロツキー）の今日のやり方は酷《ひど》い。スターリンは未来永劫《えいごう》許さない」（ユーリー・ピャタコフ）。ピャタコフの危惧《きぐ》どおり、翌朝の中央委員会でスターリンはトロツキーを政治局員から解任した。[*4] スターリンを公の場で面罵《めんば》することはクーデターそのものだった。仲間にも知らせていない杜撰《ずさん》な蜂起はあえなく潰《つい》えた。

一九二八年一月、トロツキーは妻ナタリアとともに中央アジアの街アルマ・アタ（現カザフスタン・アルマトイ）に追われた。二人を運ぶ列車をトロツキー支持の民衆が取り囲み妨害したが、GPU（国家政治保安部）が排除した。この一年後、ソビエト連邦からも追放された二人はトルコに保護を求めた。見えない暗殺者の影に怯《おび》えながら、フランス（一九三三年）そしてノルウェー（一九三五年）と流浪の旅を続けた。

トロツキーを受け入れたノルウェーにはソビエトからの強い圧力があった。ノルウェー産ニシンの不買をちらつかせたのである。[*5] 困惑するノルウェーにメキシコが助け舟を出した。トロツキーに心酔する革命画家ディエゴ・リベラが友人のラサロ・カルデナス大統領を動かした結果だった。

トロツキーとリベラの妻フリーダ・カーロとの不倫が始まったのは、トロツキー夫妻がメキシコ入り（一九三七年一月）してからしばらく経《た》ってのことであった。

＊1：ロシア革命における英仏米の愚かな外交の実態については拙著『虚像のロシア革命』（徳間書店、二〇二三年）を参照
＊2：Lenin's Testament, Seventeen Moments in Soviet History（msu.edu）
＊3、4：Bertrand Patenaude, *Trotsky*, Perennial, 2009, p97
＊5：ジャン・ヴァン・エジュノール『トロツキーとの七年間』草思社、一九八四年、一二二頁

トロツキーと恩人の妻との不倫

トロツキーのメキシコ亡命を成功させたディエゴ・リベラ（一八八六〜一九五七年）は、世界革命を志向するトロツキズムの強烈な信奉者であった。中流家庭の生まれだったが、十歳から絵画の専門教育を受け、その後パリで修業した（一九一一〜二〇年）。パリでは後期印象派の強い影響を受け、キュビズムに傾倒した。パリ滞在中に起きたロシア革命（一九一七年）をきっかけに革命アーティストとなった。

「絵画は美術館に足を運べない貧しきものにも開放されるべきだ」との思いをもつリベラのキャンバスは巨大な壁であった（壁画アーティスト）。メキシコ革命（一九一七年）後に成立した新政府は、パリでの修業を終えて帰国（一九二一年）した彼を積極的に起用し、公共建造物の壁を彼のキャンバスに提供した。彼の作品はたちまち評判となり、米国にまで知られる存在となった。その米国から仕事が舞い込んだのは一九三〇年代初めのころである。当時の米国は不況のどん底にあった。そのせいか知識人や実業家が共産主義思想の影響を受けた。リベラはメキシコ共産党員であったが、そんなことはお構いなく、大型建築物の壁を彼の作品で飾りたいとの意識が生まれていた。

リベラが最初に描いたデトロイト美術館内の壁の作品は、自動車工場（フォード自動車工場）の労働者の姿だったが、共産主義思想を前面に出さなかった。素直に労働の喜びを表現していた（一九三三年）。しかし、ロックフェラーセンター壁画プロジェクトでは、「腐敗した」資本主義社会と「理想の」共産主義社会を対比した直截な作品だった。「共産党宣言」を読んだばかりの早熟な高校生が夢想するような構図だった。

慌てた依頼主ネルソン・ロックフェラーは、構図の中に描かれたレーニン像だけは削除するよう求めたがリベラは拒否した。ロックフェラーは契約金二万一〇〇〇ドル（現在価値：三五万七〇〇〇ドル）のうち一万四〇〇〇ドルだけは支払ったうえ契約解除した。未完成作品は破壊された（一九三四年）。
トロツキー夫妻がメキシコシティ郊外の鉄道駅（Lechería）に現れたのは一九三七年一月十一日のことである。二人を、リベラとその妻フリーダ・カーロが迎えた[*1]。リベラは、トロツキーにフリーダの生家（Casa Azul：青い家）を仮の住まいとして用意していた。

フリーダは一九二九年にリベラと結婚した。彼女も画家であり、強烈な共産主義者だった。彼女は六歳のときにポリオ（小児麻痺）を患い、コルセットを着用していた。そこにはソビエトの象徴（ハンマーと鎌）が赤く描かれていた。リベラとの夫婦関係は「芸術家らしい」ものだった。強烈に愛し合っていたが、リベラは不倫に平気であり、フリーダはそれに反発するように男も女も愛した。彼女の自画像に濃い髭《ひげ》が堂々と描かれるのはそれが理由である。フリーダはトロツキーにもモーションをかけた。世界革命思想の理論的指導者を目の前にして、心も体も惹《ひ》かれた。

トロツキーの妻ナタリアが英語を解さなかったことが幸いした。フリーダは、夫に隠れてトロツキーと恋文を交わす仲になった。トロツキーは、所蔵の本を度々彼女に貸した。ナタリアやリベラの目前で渡した本には怪しい愛のメッセージが挟まれていることもあった。[*2]

トロツキーの周囲には、米国からやってきた、彼の思想に傾倒する若者が常駐し警護していた。リベラが病的に嫉妬深いことを知っていた彼らは二人の情事に気づき心配した。幸いにも夏（一九三七年七月）には二人の火遊びは終わった。[*3]

一九三九年三月、国内の政敵粛清に一応のけりをつけたスターリンは、暗殺の専門家パヴェル・スドプラトフ（ＮＫＶＤ）にトロツキー暗殺チームを結成させた。トロツキーは反スターリン論文を米国の左翼雑誌に発表し続けていただけに、スターリンには目障りだった。トロツキーが、スドプラトフがメキシコに遣《や》った刺客ラモン・メルカデルにピッケルで頭を割られたのは一九四〇年八月二十日の夕刻のことであった（翌日に死亡）。メルカデルは、トロツキー支持者に成りすまし、邸内に自由に入れる人脈をつくっていた。

トロッキーは恩人の妻に懸想した。フリーダは、夫の強烈な嫉妬深さを知りながら不倫した。男女の心理は他者には理解不能である。

＊1：1937 Leon Trotsky Arrives in Mexico City on The Hidalgo (Silent) - YouTube
＊2：Bertrand Patenaude, *Trotsky*, Perennial, 2009, p60
＊3：ジャン・ヴァン・エジュノール『トロツキーとの七年間』草思社、一九八四年、一五五頁

第2章

日米開戦前夜の事件

戦間期の二十年

本章は、日米関係が徐々に崩壊していった日米開戦前夜の事件の連鎖を俯瞰する。「文庫版まえがき」で書いたように、米国は「日本開国プロジェクト」を成功させて以来、日本の国造りの「家庭教師」のような立場にあった。優秀な家庭教師であったことは間違いないが、教え子もまた優秀であった。とくに米国を驚かせたのは日露戦争における日本の圧倒的勝利であった。当時の米国には両大洋沿岸（大西洋、太平洋）を守る海軍防衛力はなかった。

大西洋を守るのが精いっぱいで、強国ロシアに勝利した日本が米国西岸を攻めれば守る術《すべ》はなかった。この当時パナマ運河はなく、大西洋岸に展開する米海軍を太平洋方面に展開させるには南米大陸南端のホーン岬を迂回《うかい》させなくてはならなかった。当時の米国西海岸はアジア人差別の中心地であった。日本人移民も差別されていた。

ただ当時の大統領セオドア・ルーズベルトと日本の関係は良好であった。日露戦争を終結させたポーツマス条約調印の際にも仲介の労をとっていた。しかし、カリフォルニア州民は、自らの日本人差別の行為が日本を怒らせることを知っていただけに、「太平洋最強」の日本海軍の影に怯えた。日本が日露戦争に勝利すると、米西海岸に複数の防衛拠点を築いたのはこのころである。コロンビア川北岸にあるコロンビアフォートに築かれた砲台はいまでも砲身を西に向け「日本の侵略」に備えている（このことについては拙著『日米衝突の根源1858-1908』〈草思社文庫〉に詳述した）。

セオドア・ルーズベルト大統領はリアリストを絵に描いたような政治家であった。彼は米国西海岸の防衛は、パナマ運河完成までは不可能であることを知っていた。日露の仲介をしながら、そして日本文化に深い理解と敬意をもつ一方で、日本との万一の衝突に備えた。

米西戦争で獲得したフィリピンの植民地経営に腐心する米国は、フィリピン民族派が独立支援を日本に求めていることに憂慮した。大統領は、日露戦争の最中に、ウィリアム・タフト陸軍長官（元フィリピン民政長官）を日本に遣《や》った。表向きはフィリピン視察を利用した表敬訪問だったが、真の狙いは日本の関心を朝鮮半島に、さらには支那北東部に向けさせることであった。大統領は自身の名代として愛娘アリスを同行させてもいる。

日本はタフト一行を歓迎し、秘密協定である桂・タフト協定（一九〇五年）が結ばれた。日本は米国のフィリピン政策に、米国は日本の朝鮮政策に相互不干渉の立場を約束した。米国は、日本の関心を可能なかぎり東アジア大陸にくぎ付けにすることを狙い、太平洋方面（米西海岸含む）への拡大の抑制を図ったのである。

米太平洋岸諸州では日本人移民への理不尽な差別が激化し、世界は、このまま日本が黙っているはずがないと思っていた時期であった。

ベルサイユ体制が発足した一九一九年からナチスドイツのポーランド侵攻までの二十年間は、戦間期と呼ばれる時期である。この時期の太平洋方面のダイナミズムは、米海軍が日本を凌駕《りょうが》する海軍力をもち、いつか来る日本との戦いに備えた時期ともいえる。

米国の日本への「意地悪」は時の経過とともに悪化した。日米関係改善の道を探る政治家、経済人も多かったが、そうしたベクトルは日米戦争を必然化するベクトルの大波に押し流された。

先の戦争を理解するうえで、一般歴史書が最も軽視する時代がこの戦間期の二十年である。本章では、この時期に起きていたいくつかの重要事件にスポットをあてる。この時期についての理解を深めることで、これに続く第二次世界大戦とその局地戦である日米戦争に対する理解が立体化する。

排日移民法の愚

二〇一二年八月十日、李明博《イミョンバク》大統領（当時）の竹島上陸事件をきっかけにして、日本の対韓世論が一気に悪化した。その感情は、韓国によってその後も繰り返された理不尽な対日外交によってさらに刺激され、いまでは日本人の過半数が韓国に対して悪感情をもつ。現代日本人は、外交関係を悪化させない大人の工夫（阿吽《あうん》の呼吸）が崩れるときに何が起きるか、現在進行形の日韓関係で経験している。

いまからおよそ百年前に、日本人は同じような感覚を味わった。米国が日米間の阿吽の呼吸を乱したのである。

一九二四年五月二十六日、ホワイトハウスの中庭に小さなテーブルが用意された。その前に置かれた椅子には、唇をきつく結んだカルビン・クーリッジ大統領が座っていた。彼はここで新移民法に署名した。中庭で署名したのはセレモニー効果を高めるためであった。この法律によって、日本からの移民をシャットアウトすることになった。排日移民法として知られるこの法律は、日本に激しい反米感情を生んだ。

クーリッジ大統領は、北部バーモント州出身の共和党の政治家である。前政権のウッドロー・ウィルソン大統領（民主党）とは違い、人種差別主義者ではなかった。この法案が議会で議論されている最中にも日本政府の激しい反発を気にしていた。

彼はこの法律が、大国日本のプライドを激しく傷つけることはわかっていた。第一次世界大戦では同盟国であり、日本はヨーロッパ戦線に参戦する米海軍に代わって太平洋の防衛を担った。日本の大戦への協力は十分に感謝されていた。それにもかかわらず、その戦争後わずか五年で、日本の反発が必至な人種差別的法案が米議会で可決された。それに対してクーリッジ大統領は、拒否権も発動できず、ホワイトハウス中庭でパフォーマンスを演じなければならなかった。

二十世紀初頭からカリフォルニアで活発化した日本人移民排斥《はいせき》運動があっても、米政府は日本からの移民を法律で規制しなかった。法律で規制すれば、日本人差別が国家の方針となる。大国日本のプライドを傷つける。

国内の日本人差別感情と、日本との外交問題。このバランスをうまくとってきたのは、セオドア・ルーズベルト大統領と日本政府が合意した、日本政府による米国に向かう移民の「自主規制」であった。米国への移民の抑制を、米国内法ではなく、日本政府自身の決定とさせた。それによって、日本の面子《メンツ》を潰すことなく、米国内の反日本人勢力を抑制することができた。これが「日米紳士協定（一九〇八年）」と呼ばれる日米間の「阿吽の呼吸」であった。

一九二二年、米最高裁は日本人を帰化不能外国人と決定した。この裁定にカリフォルニアの反日本人勢力は勢いに乗った。「米国民になる資格は『自由な白人』だけに与えられる。したがって、国民となれない日本人移民を受け入れてはならない」とする主張が「正論」になった。排日の動きはカリフォルニア州だけの政治運動ではなくなっていた。黒人隔離政策を継続強化したい民主党の支配する南部諸州も反日本人グループに加勢した。

ウォレン・ハーディング政権（クーリッジ副大統領）[*1]の喫緊《きつきん》の課題は財政再建であった。第一次世界大戦時に膨れ上がった軍事費や復員兵への恩給を削減したかった。再建には議会の協力が必要であったが、排日の動きが大きなうねりになっていた。

第一次世界大戦に懲《こ》りた世界各国の指導者は軍事費削減に動いた。どの国でも軍の反対はあったが、政治主導で乗り切った。その成果がワシントン軍縮条約（一九二二年二月）であった。

クーリッジ大統領は、自ら署名しようとする排日移民法が、この和平努力を台無しにする危険性があることを十分に理解していた。しかし、「時の流れに押されて」本意ではない法律に署名した。これが日米関係に大きなダメージを与えることはわかっていた。愚かな「法律」に拒否権の発動をできなかった自分に苛立った。

頭を冷やしたかったクーリッジ大統領は、セレモニーが終わったホワイトハウスから抜け出し市内を歩いた。後方から少し距離を置いてシークレットサービスが付いた。クーリッジが危惧したとおり、日米関係はこの日を境に後戻りできないほどに悪化を続けたのである。

＊1：ハーディング大統領の死去（一九二三年八月）を受けて、大統領に就任

無念の人としての渋沢栄一

二〇二四年には日銀券が刷新され、一万円札の肖像は渋沢栄一となった（千円札は北里柴三郎、五千円札は津田梅子）。飛鳥山《あすかやま》（東京都北区）にある渋沢史料館は、旧渋沢邸跡に立つ（一九八二年開館）。同館の資料によれば、彼の関与した会社は約五〇〇、非営利諸団体は六〇〇にのぼる。「栄一の一生が近世日本経済発展と密接不離の関係にある」（渋沢史料館開館経緯）ことは疑いの余地はない。しかし、渋沢の価値は、日米衝突を何とか回避させようとした彼の晩年の行動にあった。

前述したように、一九二四年五月、ワシントン議会は、カリフォルニア州の排日運動に押されて排日移民法を可決した。クーリッジ大統領は日本との関係悪化を憂慮したが、予算を人質にとられて署名した。米国の政治は、大統領と議会が交互におかしくなることがある。幸いなことに同時にどちらもおかしくなることは稀《まれ》だが、このときは議会が狂っていた。

排日移民法の成立は、日本が前年に起きた関東大震災（一九二三年）に打ちのめされている時期に重なっただけに、日本国民の米国への反発は激しかった。排日移民法を検討する米国議会に対して、駐米大使埴原正直《はにはらまさなお》は同法の非道を訴えた。日本政府も米国政府に厳重抗議した。その正式抗議の日（五月三十一日）、一人の男が、東京溜池《ためいけ》の米国大使館脇で割腹自殺を遂げた。抗議の遺書は、「米国大使ウッズ氏を通じて米国民に与ふ」と始まっていた。サイラス・ウッズ大使さえも同法に抗議し辞任した。

米国との良好な関係を願う多くの知識人や財界人も排日移民法に落胆した。「なかでも、最悪の事態を避けるべく早くから『太平洋の安定』などをめざして東西奔走してきた渋沢の落ち込みは大きかった[*1]」。

渋沢は、日米実業団の相互訪問（一九〇八年および〇九年）を実現させると、日米関係委員会（一六年）、日米有志協議会（二〇年）の設立にも尽力し、両国親善の民間外交の先頭に立っていた。それだけに米国への失望は大きかった。それでも事態の静観はできなかった。渋沢は一八四〇年（天保十一年）生まれだから、このときすでに八十代の半ばだった。

クーリッジ大統領も両国関係の悪化を憂慮し、日本に理解あるエドガー・バンクロフト（シカゴの法律家）を駐日大使に任命した。一九二五年四月十六日、バンクロフト大使は伊豆下田を訪れ、日米関係の礎《いしずえ》を築いた初代総領事タウンゼント・ハリスの暮らした玉泉寺（総領事館）を見学した。ハリス顕彰碑建立の企画を受けての訪問だった。歓迎会で大使は次のように語った。

「私は諸君を友人と呼びたい。本日今夕此の如き盛大なる歓迎と、暖かい友誼《ゆうぎ》に接して私は懐かしさの余り諸君を友人と呼ぶ。一八五六年、タウンゼント・ハリスは初めて此の下田を訪れた。そして私は七十年後の今日同じように下田の地に足を踏み入れたのである」

「（ハリスは）只管《ひたすら》に人格の光に依《よ》って当時の日本人の敵視と猜疑《さいぎ》とを解こうと努めたのである。（中略）私は思う。日本と米国が今日の親密な友誼を結び得たことは、彼れタウンゼント・ハリスの美しい人格の賜物《たまもの》であると。（後略[*2]）」

大使は、初代総領事追悼の言葉に、暗雲垂れ込める日米関係改善の願いを仮託した。しかしこの夏、避暑で訪れていた軽井沢で急死した（七月二十七日）。彼の遺体を日本海軍軽巡洋艦「多摩」がサンフランシスコに運んだ。関係改善を願う日本政府の配慮だった。

顕彰碑は一九二七年（昭和二年）十月一日に除幕された。渋沢一行は陸路で下田に入った。次期米国大使チャールズ・マクベーグの一行は、海軍の用意した駆逐艦「島風」でやって来た。除幕式にはおよそ一〇〇名が出席した。建立プロジェクトの旗振り役を務めた渋沢の祝辞を皮切りに、マクベーグ大使、徳川家達《いえさと》（日米協会）、田中義一首相（代読）、大倉喜八郎らの祝福の言葉が続いた。

渋沢が亡くなったのはこの日から四年が経った一九三一年のことである。この年の九月、満洲事変が起きた。時の米国国務長官ヘンリー・スチムソンは大の日本嫌いだった。渋沢の努力を無にする、より大きな力が日米衝突に向けて動き出していた。

筆者には、渋沢は日本近代化の父としてではなく、日米関係の悪化を憂《うれ》えて無念のまま亡くなった悲劇の人に思えて仕方がない。

＊１：チャオ埴原三鈴＆中馬清福『「排日移民法」と闘った外交官』藤原書店、二〇一一年、二九一頁

＊２：村上文機『玉泉寺今昔物語』玉泉寺、一九三三年、六〇〜六一頁

ハーバート・フーバーを貶めたフェイクニュース

米国の政治は日本人にはわかりにくい。議院内閣制の日本とは違い、党首が大統領になるわけではない。米国の政党党首とは誰か、答えに窮《きゅう》するが、党の全国委員会委員長だと答えてもあながち間違いともいえない。民主・共和両党ともに全国委員会が組織されており、民主党全国委員会はDNC、共和党のそれはRNCと略称される。委員長は党の大統領選候補者選出に強い影響力をもつ。

民主党は、一九二〇年の大統領選に敗れ、以後、敗北を続けることになる。米国民が、国家主権の根幹をなす外交権の一部を国際連盟に委《ゆだ》ねることを頑《がん》として拒否したからであった。

一九一九年秋、連盟設立の主唱者であったウッドロー・ウィルソン大統領は、その世論を変えようと全国遊説を始めたが、九月二十五日、プエブロ（コロラド州）での演説を終え、次の会場に移動する列車の中で心臓発作を起こし政治生命を失っていた。その結果、民主党は一九二〇年の選挙に敗北し、米国は国際連盟に加入できなかったのである。

その後、ウォレン・ハーディング、カルビン・クーリッジ、ハーバート・フーバーと共和党の大統領が続いた。米国民が民主党の干渉主義的外交を嫌った結果だった。DNCは一九三二年に予定される大統領選では何としても政権を奪還すると決めた。

彼らは宣伝戦に勝つことが最重要だと考えると、チャールズ・ミケルソンなるジャーナリストに目を付けた。年二万ドルという破格の給与をオファーし広報部長に迎えた（一九二九年）。現在価値でいえば二八万ドルに相当する。広報部長職は臨時職であったが、ミケルソンの採用を機に常任ポストとなった[*1]。

ミケルソンは、プロシアからの移民（ユダヤ系）の息子として、西部開拓最前線の町バージニアシティ（ネバダ州）に生まれた（一八六九年四月）[*2]。十七歳年長の兄アルバートは、米海軍兵学校やベルリン大学で学び、一九〇七年には光速度の測定に貢献したとしてノーベル物理学賞を受賞している。弟のミケルソンも相当な切れ者だったに違いなかった。しかし、十三歳のときに家出するなど、真面目に学問に取り組むタイプではなかった。それでも両親は何とか地元の高校を卒業させた。その後、地元紙『バージニアシティ・クロニクル』の記者となった。

一八八七年ごろ、彼はサンフランシスコに移り『サンフランシスコ・イグザミナー』紙の記者になった。同紙オーナーは、のちにイエロージャーナリズムで名を馳《は》せることになる新聞王ウィリアム・ハーストだった。イエロージャーナリズムとは、販売部数を伸ばすためには何でもありの報道姿勢をとることをいう。女、暴力、戦争がお気に入りのテーマだった。ミケルソンは、辣腕《らつわん》を振るったが待遇に不満があったのか、競合紙（『サンフランシスコ・コール』紙）に移った。

一八九五年、ハーストは彼を再スカウトした。買収した『ニューヨーク・ジャーナル』紙の販売増を狙った派手な記事を書かせるためだった。このころ、キューバではスペインからの独立を求める内戦が続いていた。ハーストは、ミケルソンをハバナに遣《や》った。スペイン官憲は彼の反スペインの報道姿勢に苛立ち、島から追放した。それでも、ニューヨークのオフィスから、「キューバにおけるスペイン軍の残虐行為」を見てきたように垂れ流した。その「報道」は戦争を煽ることをモットーとしていたハーストを喜ばせた。

そして実際に米西戦争が起きた（一八九八年）。一九一七年、ミケルソンはハーストのライバルであるジョーゼフ・ピュリツァーの『ニューヨーク・ワールド』紙に移籍した。一九二〇年にはワシントン支局長となった。

DNCに高給で迎えられたミケルソンは、その期待に応え、現職大統領ハーバート・フーバーの評判を貶《おとし》める記事（噂）を量産した。「アメリカを捨てた男」「彼の資産は賄賂《わいろ》による」「世界恐慌を起こした張本人」「米国内では税金を払わず、資産を英国や中国の口座に秘匿《ひとく》」。何一つ根拠のない人格攻撃だった。大統領をこれほど誹謗《ひぼう》するフェイクニュースが流れるのは米国史上初めてだった。ミケルソンの作戦は成功した。民主党が担いだフランクリン・デラノ・ルーズベルト（ＦＤＲ）が当選したのである（一九三二年）。
歴史家の中には、フーバーが二十余年の歳月をかけて書き上げたルーズベルト外交批判の書『裏切られた自由』を「無能政治家フーバーの恨《うら》み節」と切って捨てるものがいる。いまだに詐話師《さわし》のフェイクニュースを信じているのである。

＊１：Gil Troy,The Man Who Went Full Trump for FDR, September 25, 2016
https://www.thedailybeast.com/the-man-who-went-full-trump-for-fdr

＊２：ミケルソンの経歴は左記サイトに依る。
http://www.anb.org/display/10.1093/anb/9780198606697.001.0001/anb-9780198606697-e-1601128

日本の少年への米副大統領メッセージ

米国の副大統領は目立たない存在であるが、時に重大なメッセージを発することがある。二〇一八年十月四日、マイク・ペンス副大統領（当時）は有力シンクタンクの一つハドソン研究所で演説した。中国海軍の南支那海での侵略的活動、国内での人権無視、米国知的財産権侵害、宗教弾圧などを鋭く批判する内容であった。

ただ歴史家の視点から見れば、共産主義国家中国の産婆役であった米国が、何をいまさらと思う気持ちは拭《ぬぐ》えない。共産主義思想の本質をまったく理解しなかったFDR、ハリー・トルーマン両大統領（ともに民主党）の悪《あ》しき置き土産《みやげ》に、自業自得的に米国は苦しめられていることをあらためて世界に知らしめた。

ところで、現代の若い世代には想像し難いであろうが、筆者の世代は活字に飢えていた。そうしたニーズに応《こた》えるように多くの総合月刊誌があった。『文藝春秋』『中央公論』『現代』などがその代表だが、いまでは休刊に追い込まれたものもある。

少年向けに発行された総合誌もあった。その代表が『少年倶楽部』だった。第一次世界大戦の始まった大正三年（一九一四年）に大日本雄弁会（現・講談社）が創刊し、戦後の昭和三十七年（一九六二年）まで続いた。

筆者の手元に昭和六年（一九三一年）発行の同誌が数冊ある。同年八月号の目次には、「戦場の愛子《あいし》へ（リンカーンの手紙）」「アメリカの少年の楽しい夏休み」が見える。九月号の付録は「大ナポレオン名画集」だった。

五月号のグラビアでは「友邦の元首御画報」のタイトルでジョージ五世夫妻（英国）、ハーバート・フーバー大統領夫妻（米国）、ガストン・ドゥメルグ大統領（仏）、ヒンデンブルク大統領（独）、アルフォンソ一三世夫妻（スペイン）、エマヌエル三世夫妻（伊）に加え、デンマーク、ベルギー、タイ、ブラジルの元首も紹介されている。日本が国際連盟理事国であった時代だけに、世界における日本を子供たちに意識させる記事が目立つ。

戦前の雑誌は当時の世相を知るうえで重要な資料である。歴史教科書では捨象されている重要な「歴史の細部」がそこにある。筆者は昭和六年の『少年倶楽部』五月号にそれを発見した。「日本の少年諸君に」と題されたチャールズ・ドーズ米副大統領（当時駐英大使）からの日本の少年少女への短いメッセージである。[*1]

「歴史の中で大人物と呼ばれている人たちのことを読んで見ると、なるほど、一人残らず大きな目的に向かって勇敢に奮闘努力した人ばかりです。その点ではみんな同じですが、さてこの人たちのした事をよくしらべてみますと、或る人物の事業は、いたづらに世の人を苦しめたに過ぎないことがわかります」

「かうしてゆくと、歴史の中の大人物は二組にわかれることになります。世の中を一層幸福にした組と、世の中を一層不幸にした組です。さうして世の中を幸福にした組だけが、ほんとうの大人物といえるのではありますまいか（後略)」

ドーズ氏は、あえて個人名を挙げていない。読者は彼がいったい誰のことを言わんとしていたかに悩んだに違いない。筆者は、ドーズ氏の脳裏にはウッドロー・ウィルソン大統領があったと推察している。もちろん、後者の「世界を一層不幸にした偉大な政治家」としてである。

ウィルソンは理想主義的な国際連盟を創設したが、ドイツに対する不正義なベルサイユ条約をも容認した。ドイツへの天文学的な賠償請求はその最たるもので、ドイツはたちまち困窮《こんきゅう》し、支払い不能に陥った。そもそもドイツが休戦に応じたのは、ウィルソンがドイツには報復的講和条件を科さないと約束していたからだった。ウィルソンの「嘘」の是正に当たったのがドーズだった。戦勝国の反対で賠償額そのものの減額はできなかったが、支払い方法の緩和を認めさせた（ドーズ案）。彼はその過程で、ウィルソン大統領の欺瞞《ぎまん》的外交に気づいた。その思いがはからずも日本の少年少女へのメッセージとなったのであろう。

この後、ドイツ国民の恨み解消の夢を託されたヒトラー政権が誕生する。第二次世界大戦はベルサイユ体制の崩壊現象であった。いかに善《よ》かれと思う政治（外交）を展開しても、世の中をより不幸にすることがある。

ドーズの日本の子供たちへのメッセージは現代の政治家への警告でもある。

＊1：『少年倶楽部』大日本雄弁会講談社、昭和六年五月号、五〇〜五一頁

宣教師による反日プロパガンダ

盧溝橋《ろこうきょう》事件は一九三七年七月七日に発生した。当初、この事件は現場責任者の話し合いで収束するはずであった。しかし、蔣介石は、現地の講和の動きを無視して日本との戦いを拡大させる方針をとった。当時の蔣介石はソビエトからの支援を受けていた。ソビエトは新疆《しんきょう》も外蒙古《もうこ》も勢力圏に入れ、赤化工作を進めていた。蔣介石はその事実には目をつむり、ひたすら日本を敵対視する政策をとった。日本は満洲国を防波堤にし、共産主義勢力の東進を防がなくてはならないと考えた。

米国の現地外交官は、蔣介石の背後にソビエトの工作があることを本省に繰り返し報告していた。このころのソビエトの工作の一端を米国の史書は次のように書いている。

「一九三七年七月七日に起きた日中の衝突（盧溝橋事件）を共産主義者が煽ったことは、中国駐露大使の言葉で明らかだった。大使は、一九三六年十一月にモスクワに赴任しているが、米外交官との会話のなかで、中露の強い友好関係があるからこそ赴任できたのであると語った。大使がモスクワに派遣された目的は、もし中国が日本を刺激し戦争になった場合にソビエトから物資や武器の支援を受けることを約束させることにあった。大使はこの点についてリトヴィノフ外相に問うているが、日中間の紛争の解決は南京でやって（中国自身で処理して）ほしいと応じている。一方で南京のロシア大使は、一九三七年春から夏にかけて、中国が日本と干戈《かんか》を交えることになればソビエトが軍事支援すると中国に信じ込ませようとしていた[*1]」

不思議なことに日本の史書（釈明史観）は、盧溝橋事件から中国との全面戦争に発展した支那事変にソビエトの工作があったことを書かない。その典型が「日中戦争と日本外交」（平成二十三年外務省[*2]）である。

宣戦布告なき日中戦争の拡大に苦虫を噛み潰したのがルーズベルト政権だっ

た。当初不介入の姿勢を示したハル国務長官だったが次第に日本を敵視し、厳しい対日経済制裁を科した。それが最終的に日本の中国からの全面撤退を要求した「ハルノート」（一九四一年十一月二十六日）となった。ルーズベルトのスターリン好きとスチムソン陸軍長官らの日本嫌いの感情がつくり上げた実質的最後通牒《つうちょう》だった。

ハル長官の対日批判のロジックの根幹は、米国が対中外交の根幹としてきたオープンドア政策が日本の占領で毀損《きそん》され、米国のビジネスにマイナスとなるという主張であった。しかし現実の数字は逆であった。米国の対中輸出は一九三六年には四六八一万九〇〇〇ドルであったものが、一九三九年には五五六一万四〇〇〇ドルに増加している。一九四〇年には七七五九万ドルに跳ね上がった。[*3]

米実業界は対日経済制裁に乗り気ではなかったが、その思いを中国で布教を続けてきた宣教師組織が打ち砕いた。キリスト教団体にとって信者数を増やすことは組織的使命である。当時の中国の人口は四億五〇〇〇万人であり、布教団体の垂涎《すいぜん》の的《まと》（潜在マーケット）だった。

盧溝橋事件のあった一九三七年時点で、中国国内ではプロテスタント宣教師だけでも二五〇〇人が活動していた。五〇の宣教団体の対中「投資」総額は五〇〇〇万ドルにものぼっていた。ロックフェラー財団やＹＭＣＡなどが資金提供に熱心だった。

中国で活動する宣教団体は、反日プロパガンダ文書を米国内で大量に配布した。メディアでは『タイム』誌が反日の姿勢を鮮明にした。オーナーのヘンリー・ルースの父は、中国で布教に当たった長老派の宣教師だった。中国をキリスト教化すれば民主化が可能だ、民主化した中国との貿易は自《おの》ずから盛んになり、米中両国で太平洋を支配できる。これが彼の思想だった。

彼らの意図をいち早く察知したのが宋美齢（蔣介石夫人）だった。夫をキリスト教徒に改宗（一九三〇年十月）させ宣教運動の受け皿にした。蔣介石夫妻は一九三八年一月三日号の『タイム』誌の表紙を飾った。

日本との経済関係を大事にしたいという声は、強力な政治力をもつキリスト教系団体の親中反日プロパガンダのなかに消えた。宗教の動きを捨象して歴史は語れない。日本中世史などではそのことが明確に意識されているにもかかわらず、近現代史ではその意識が希薄なのは不思議なことである。

＊1：チャールズ・タンシル『裏口からの参戦 下巻』草思社、二〇一八年、二〇六〜二〇七頁
＊2：http://www.mofa.go.jp/mofaj/annai/honsho/shiryo/nitchu_nihon/pdfs/kaisetsu.pdf
＊3：前掲書、二六一頁

明るかった一九三九年
ニューヨーク万国博覧会

「行く惨苦（一九三九年）ついに始まる世界戦」。これがドイツのポーランド侵攻（一九三九年九月一日）に端を発した第二次世界大戦始まりの年を暗記する語呂合わせだった。この年五月には、極東地域でも日本とソビエトが満蒙国境で衝突していた（ノモンハン事件）。そのこともあって、筆者だけでなく多くの読者の頭の中にある一九三九年のイメージは暗いはずである。

それでは米国ではどうだったのだろうか。日本人はヨーロッパも米国も「西洋」でひとくくりにしがちである。しかし、米国人にとっての一九三九年はけっして暗くはなかった。そこにはまったく「空気」の違うもう一つの「西洋」があった。

ナチスドイツがポーランドに侵攻したのは、ドイツ系人口が九五％を占める港湾都市ダンツィヒ（現グダニスク）を何としても奪還したかったからであった。

ダンツィヒに通じる土地（ポーランド回廊）もベルサイユ条約でポーランドに割譲されていた。そこには一五〇万人のドイツ系住民が取り残されていた。ドイツ領として残った東プロシアも、大戦前に存在しなかった国ポーランドの成立で本土から分断され孤立した。ドイツ国民は、このような「不正義」を強要したベルサイユ体制を激しく嫌悪した。その感情がヒトラーに権力を握らせた内的エネルギーだった。

ポーランドに侵攻したドイツに対して英仏両国が宣戦布告した（九月三日）。しかし米国民は英仏の戦う理由が理解できなかった。両国の宣戦布告の理由は、ポーランドに独立の保障を与えていたからだった。しかし、ポーランドの帰趨《きすう》と英仏両国の安全保障には直接の関連はない。第一次世界大戦前はポーランドの土地はドイツとロシアが領土を分け合っており、それが旧に復したとしてもどうということはない。ポーランド人への憐憫《れんびん》の情はあったにせよ、それだけで英仏が若者に死を覚悟させることがなぜできるのか。米国民にはどうしてもわからなかった。

米国民は、民族紛争の絶えない戦争好きのヨーロッパ諸国がまたぞろ戦争を始めた程度にしか考えていなかった。思えば第一次世界大戦も、英国のベルギーに対する中立保障条約がヨーロッパの局地戦を世界戦争にしていた。米国は英国に味方して参戦した。その結果、一二万人の若者を死なせていた。フランスは一三六万人、英国は九一万人、ドイツは二〇〇万人の国民を失った。甚大な犠牲の結果出来上がったのは、ドイツ一国だけに責任を押し付けたベルサイユ体制だった。

そのすわりの悪さを米国民は知っていた。米国にはヨーロッパの揉《も》め事に関わるのはこりごりだとの空気が満ちていた。

ニューヨーク万博は一九三九年四月三十日に始まった。クイーンズ（ニューヨーク郊外）のフラッシングメドウが会場だった。テーマは「世界の未来」であった。最新技術を展示する企業（GM、IBM等）のパビリオンが多く、人類の明るい未来を謳《うた》っていた。大衆はここで初めてテレビやテープレコーダーの存在を知った。YouTubeで見る画像には万博会場を陽気に歩く人びとが見える。戦後の歴史では隠された「明るい一九三九年」の姿である。博覧会は十月三十一日に終了したが、翌四〇年には再びの開催となった（五月十一日～十月二十七日）。二年間の入場者数は四五〇〇万人に達した。世界からは六〇カ国が参加した。ドイツは不参加だったが日本は参加していた。日本館は神社造りをイメージさせるデザインで、館内には日本庭園が造作されていた。そこでは多くの来館者が寛《くつろ》ぎの時間を過ごしていた。米国民にとってヨーロッパの戦いは「他所《よそ》の国の殺し合い」だった。

この時期の米国民は、およそ八五％がヨーロッパの戦いに関わってはならない（非干渉）と考えていた。ましてや、博覧会参加国の日本と米国が戦うことになるなどと思う者はいなかった。英国の側に立って参戦したかったＦＤＲといえども、一九四〇年の選挙戦では、国民に非干渉（非参戦）を繰り返し約束せざるを得なかった。

世論を変えるためのたった一つの方法が、外国（枢軸国）に米国領土を攻撃させることであった。「正史」では一九三九年は暗いほうが都合がよいのである。

第3章

英米の工作と真珠湾攻撃

第二次世界大戦を読み解く六つのファクター

本章は、日米戦争に至る直近の時代の事件を扱う。一九三九年九月一日のナチスドイツのポーランド侵攻までのヨーロッパ各国の動きおよび対独戦争をヨーロッパで惹起させようとするルーズベルト政権の動きについては、拙著『戦争を始めるのは誰か』（文春新書）に書いた。

この時期における歴史を読み解く重要なファクターは多いが、以下の六点はとくに注意が必要である。

一　ナチスドイツの経済政策の成功

二　不況を克服できない英国（ウィンストン・チャーチルを筆頭とした反独勢力の不安）と米国（ニューディール政策に失敗したルーズベルト政権）の焦り

三　英仏との戦いを避け、天敵である共産主義国家ソビエトとの戦いを考えていたヒトラー外交（東方への生存圏拡大政策）
四　二度とヨーロッパの戦いに干渉したくない（参戦したくない）米国民世論
五　米国の国家承認を受けて飛躍的経済発展を始めたソビエト
六　三選（権力維持）へのフランクリン・デラノ・ルーズベルト（FDR）大統領の強い意欲

留意すべきは、ナチスドイツのユダヤ人差別問題は戦間期においては歴史解釈のファクターではないことである。チャーチルもFDRもこの問題を主要外交テーマにしていない。とくにルーズベルトはユダヤ人問題にはほとんど関心がなかった。ドイツは、「我が国のユダヤ人差別は米国における黒人差別と何ら変わることがない」と述べていたし、米国の政治家は、ドイツのこの物言いに反論できなかった。ホロコーストが始まったのはヨーロッパでの戦いが始まって以降である（一九三九年以降）。

前章でも述べたが、筆者は、戦間期二十年間に起きた多くの事件の連鎖を理解することが、先の大戦の本質的解釈のキーになると思っている。ただ、この時期に起きた事件はあまりにも多く、まだ一冊の書にまとめ切れていない。忸《じく》怩《じ》たる思いはあるが、本章ではこの時期の合理的解釈に役立ついくつかの事象を取り上げた。

とりわけ、近年の研究から明らかになった、英国の強烈な米国世論工作（ＦＤＲの黙諾を得た内政干渉）については、紙幅をさいて分析の対象にした。

日本の真珠湾攻撃については、筆者は後述するように、ＦＤＲが事前に察知していたと思っているが、そのことを別にしても、チャーチルもＦＤＲも日本の先制攻撃を大いに喜んだことは否定できない事実である。

読者は、本章に取り上げたいくつかの事件を知ることによって、英米外交における真珠湾攻撃の真の意味を理解する手がかりを得てくれると思う。

大義を忘れたチャーチルの“WE SHALL NEVER SURRENDER”演説

ヨーロッパ大陸での戦いはナチスドイツのポーランド侵攻（一九三九年九月一日）で始まった。だが、ヒトラーは英仏との戦いは望まず、東方への拡大をめざすと主張していた。東方への拡大は対ソ戦争を意味する。そうでありながら英仏両国は、ポーランドに独立保障を約束（同年三月）していたことを根拠に対独宣戦布告した（九月三日）。ヒトラーが英仏に攻め込んだのではない。独ソ不可侵条約（一九三九年八月二十三日）は、英仏に参戦させないためのヒトラーの奇策だったが、効果はなかったのである。

当時のチェンバレン首相は、保守党内でもいけいけの軍国主義者で対独強硬派のチャーチルを海軍大臣に任命した。保守党内で嫌われていたチャーチルは十年以上にわたって政権の表舞台から消え、冷や飯を食っていた。チャーチル

（一八七四年生まれ）はすでに六十代半ばだったが、大戦の勃発で復権した。同年五月、チャーチルは体調を崩したチェンバレンに代わって首相に上がった。

ヒトラーは、英仏両国からの宣戦布告を受けた後も、英仏とは戦いたくない意志を示した。そのことは、ポーランド侵攻後には大きな地上戦が起きなかったことで窺《うかが》える。日本の史書ではほとんど触れられないのだが、ヒトラーは西部方面への戦線拡大を控えていた。

この時期（一九三九年十月～四〇年三月）を、欧米の史家は「偽りの戦争（Phoney War）」と呼ぶ。ヒトラーが、対独戦争を止めようとしない（交渉に応じない）英仏の態度に業《ごう》を煮やして西部方面に向けての本格戦争に入ったのは、一九四〇年四月九日のことである。

機甲化されたドイツ軍の攻勢で英仏陸軍はたちまち劣勢となり、英ヨーロッパ派遣軍および仏・ベルギー軍は、フランスの港ダンケルクから這《ほ》う這《ほ》うの体《てい》で英国本土に逃げた。英軍二二万六〇〇〇、仏・ベルギー軍一一万二〇〇〇が、英国本土へ無事撤退できたのはヒトラーの「温情」による。

ヒトラーは、ドイツ軍の前進を一時停止させていた（五月二十四日）。その後、攻撃は再開されたが、それでも独軍の攻勢は縛りがかかっているかのように鈍かった。「英仏と戦う理由はない。外交交渉で決着させたい」と伝えるヒトラーのメッセージだったと考えられる。

しかし、チャーチルは聞く耳をもたなかった。

一九四〇年六月四日午後三時四十分、英国下院（庶民院）で、英首相チャーチルの国民に向けての熱弁が始まった。演説は、五月二十六日から始まり、この日に終了した「栄誉ある」ダンケルク撤退作戦の成功を自慢し、ドイツとは戦い抜くと見得を切ったものだった。

演説は、“WE SHALL NEVER SURRENDER”の言葉で締めくくられた。本来であれば、「われわれはけっして降伏しない」でなく、「必ずポーランドを救う」と訴えなくてはならなかった。それが英国の対独宣戦布告の理由であったからである。チャーチルはもはや戦いの大義すら忘れていた。

強気のスピーチではあったが、チャーチルは対独戦争は米国の参戦なしには勝利できないことを知っていた。この日の演説でどれほど国民を鼓舞《こぶ》できたとしても、精神論では勝てはしない。

米駐英大使館の暗号解読事務官の突然の逮捕

ＦＤＲは、英国の対独宣戦布告直後の一九三九年九月十一日、当時まだ海軍大臣だったチャーチルに、「これからのことは何でも直接自分に相談してほしい」と秘密の暗号電を打っていた。ＦＤＲは、カウンターパートであるはずのネヴィル・チェンバレン首相の頭越しに一介の大臣と交信を始めていた。首相を飛び越えての異常な外交でありながら、「かくして私たちの交信ははじまり、双方の通信は約一千通に達し、五年余り後の彼（ＦＤＲ）の死まで続いた」[*1]とチャーチルは自著の中で自慢する。

二人がこの日から米国参戦実現のための密議を凝《こ》らしたことは間違いない。そのことは、米駐英大使館の暗号解読事務官タイラー・ケントが突然に逮捕されたことでわかる（一九四〇年五月二十日）。二人の謀議の内容に驚愕《きょうがく》したケントが、その内容を公《おおやけ》にしようとした直前に英国官憲に拘束された。米国は彼に外交官不逮捕特権を行使させず、英国は非公開裁判で彼を有罪として収監した。[*2]

ケント逮捕は、この日のわずか十日前に首相の座に就いたチャーチルが直接指令したことは間違いない。チャーチルの関与が断定できないのは、ケントが驚愕したはずの大統領とチャーチルの謀議部分が公開されていないからである。

二人の秘密の交信録[*3]は戦後になって出版されたが、ケント逮捕日前後にあったはずの交信記録はすっぽり抜けている。他にも二人に都合の悪い部分が削除されているだろうことは確実である。FDRは、「米国の参戦を必ず実現させる」と約束し、フランス降伏（一九四〇年六月二十二日）後も、一国で孤独な戦いを続けるチャーチルを励まし続けていたのである。

＊1：ウィンストン・チャーチル『第二次大戦回顧録 抄』中公文庫、二〇〇一

年、四六頁

＊2：タイラー・ケント事件の詳細は拙著『アメリカの対日政策を読み解く』（草思社、二〇一六年）、第三章「ルーズベルト神話　知られざる国家機密漏洩事件」に詳述した。

＊3：*Roosevelt and Churchill : Their Secret Wartime Corresponcence*, Barrie & Jenkins, 1975

米共和党候補選の怪

チャーチルは、秘密の交信を通じて米国の近い将来の参戦を確信していた。しかし、彼には気にかかることがあった。

一九四〇年は大統領選挙の年であった。“WE SHALL NEVER SURRENDER”演説の時期には共和党の大統領候補選が本格化しつつあった。一方、民主党のFDRは三選をめざしていたが、彼の人気は陰りを見せていた。FDRの代名詞のようなニューディール政策は一向に不況からの脱出に役立たなかった（経済が上向いたのは英仏の対独戦開始によって両国からの軍需品発注が急増して以降）。

また米国民のほとんどは、第一次世界大戦への米国の参戦は失敗だったと考えていた。

ヨーロッパで再び戦いが始まったが、米国民には英仏の戦争動機が理解できなかった。米国民の眼には、英仏は勝手にドイツ相手に戦争を始めたと映っていた。ポーランドに対して独立保障（一九三九年三月）したのも、それを根拠に対独宣戦布告したのも、英仏の勝手な判断に思えた。

英仏の戦いは、米国民の同情を買うような自衛戦争ではなかったのである。米国民の八〇％以上が「ヨーロッパ大陸紛争非介入」を支持していたのは、それが理由である。

米国民はＦＤＲの三選立候補にも疑念をもち、三選禁止の不文律を守るべきだとも考えていた。ＦＤＲの物言いには、ヨーロッパの戦いに参戦したいとの思いが滲《にじ》んでいた。国民は袈裟《けさ》の下の鎧《よろい》を見ていたのである。国民の嫌がる戦争を始めようとする政治家の人気が上がるはずもなかった。

だからこそ、チャーチルは強気一辺倒の〝WE SHALL NEVER SURRENDER〟演説で国民を鼓舞したものの、米大統領選の行方《ゆくえ》が気がかりだった。彼は、ＦＤＲの三選を実現させるためにあらゆる支援を惜《お》しまないと決めていた。そして同時に、万一（ＦＤＲ敗北）の場合にも備えなくてはならなかった。

十一月の選挙で共和党大統領が誕生すれば、FDRが強引に進めようとしている軍船・航空機・戦車などの軍需品の供給も、米海軍による英国貨物船団護衛行動も期待できなくなる。そうなればチャーチルは、ヒトラーとの敗北的講和も覚悟しなくてはならない。

共和党の有力候補には、ハーバート・フーバー元大統領、ロバート・タフト上院議員、トーマス・デューイ検察官（ニューヨーク市）らがいた。いずれも党《とう》是《ぜ》であるヨーロッパ問題の非干渉を訴えていた。

チャーチルらの対独強硬派は、仮に共和党大統領が生まれても、軍事支援だけは可能にしなくてはならないと決めた。そのためにはまず、英国の「息がかかった」候補を担《かつ》ぎ出さなくてはならなかった。

チャーチルは、その難しい作業をフィリップ・カー駐米大使らに命じていた。彼らが白羽《しらは》の矢を立てたのは、ウェンデル・ウィルキーなる男だった。前年（三九年）までは民主党員であり、一度も公職に就いたことのないニューヨーク市の法律家だった。後になってわかるのだが、彼は相当な英国大好き人間（anglophile）

であった。

共和党員の支持はデューイ候補に集まっていた。彼はニューヨーク市の組織犯罪取り締まりに成果を上げていたこともあり、人気があった。五月八日の共和党員調査では、六七％の支持を受け圧倒的なリードを見せていた。ウィルキー候補への支持はわずか三％だった。

共和党候補を決定する全国委員会は、六月二十四日から二十八日にフィラデルフィアで開催されることが決まっていた。いまから振り返ると驚くべきことだが、英国はわずか一月《ひとつき》半で、支持率三％の泡沫《ほうまつ》候補（ウィルキー）を共和党の正式候補に担ぎ出したのである。

党員調査のあったおよそ一週間後の五月十六日、共和党全国委員会議長ラルフ・ウィリアムスが突然に亡くなった。彼はタフト上院議員を推していた。後任にはサム・プライヤーが就いた。彼は、パンナム航空幹部でOSSとの関係が深かった。OSSは、FDRから英国情報部との協力を指示されていた。

ウィリアムスの死を謀殺と疑う史家もいる。米国の歴史家トーマス・マール（一九四三年〜）は一九三九年から四四年にかけて英国が行なっていた米国世論工作を詳細に調べ上げた。彼は、その書『Desperate Deception : British Covert Operations in the United States, 1939-44』（一九九八年）の中で、ウィリアムスがMI6（秘密情報部：Military Intelligence 6）によって殺された可能性を指摘した。

「MI6は、ウィリアムスが死ねば、サム・プライヤーが後任となることを知っていた」とする主張は、MI6メンバーの話（伝聞証言）を基にしている。しかし、現時点では謀殺と断定するまでには至っていない。

メディアにも不思議な動きがあった。三%の支持率しかないウィルキーを『ニューヨーク・ヘラルド・トリビューン』紙、『ミネアポリス・スター』紙、『スクリップス・ハワード・ニュースペーパーズ』（全国地方紙への記事配信会社大手）、あるいは『ルック』誌が支持することを決めた。こうした動きを追い風に、ウィルキーの支持率が急増した。六月半ばには一七%、大会直前には二九%にまでなった。

共和党大会は予定どおり、一九四〇年六月二十四日から始まった。翌日、フランス降伏の報が伝えられた。これに時を合わせるように、大会事務局にウィルキー支持の電報が殺到した。そのほとんどが「ウィルキー・クラブ」の会員からのものであった。

同クラブはオーレン・ルートなる人物によって組織されたウィルキー後援会だった。ルートは国際金融会社JPモルガンと関係が深かった。いうまでもなくJPモルガンは、第一次世界大戦時には英国からの軍需品発注を一括で引き受け巨利を得ていた。当時の英国軍需大臣はチャーチルだった。

党大会会場では、プライヤーの手配で、ウィルキー支援者だけに規定枚数以上の入場券が用意された。大挙して会場入りした彼らの熱狂的なパフォーマンスは大会関係者を驚かせた。フーバー元大統領のスピーチでは、何者かがマイクの回線を切断し、彼の声は誰も聞けなかった。

六月二十八日、共和党大会は、数カ月前まで誰も知らなかった男（ウィルキー）を党公認候補に選出して閉幕した。

チャーチル一族の究極の「不倫」接待

共和党のウィルキー候補は、大統領選挙戦では党の方針に従いヨーロッパ問題非介入（ただし、英国への軍事支援は継続）を訴えた。国民がウィルキーの主張に好意的であることに危機感を覚えたFDRは、若者をけっして戦場に遣らないと公約する羽目となった。そうしなければ、不介入を主張するウィルキーに勝てなかった。

FDRの「心にもない」公約はチャーチルを不安にしたが、米国民は、これに安堵《あんど》した。そうであるなら、実績のない新人共和党候補に投票する理由はない。「偽りの」公約で、FDRは米国史上初の三選を決めた（十一月五日）。ウィルキーに五〇〇万票の差（得票率五五％）をつけての勝利だった。

チャーチルは、FDR再選に安堵した。しかし、ドイツの攻勢は続いていた。

FDRは再選を確実にするために嘘（ヨーロッパ問題非干渉）をついた。それが彼の政治的自由度を奪っていた。

そうしたなか、米国内で「英国はドイツに敗北的講和を求めるしかないだろう」との声が上がってきた。ドイツの空爆はそれほどに凄《すさ》まじかった。さらには、「講和がなれば、英国への支援軍需物資がドイツに接収されるのではないか」との疑念がワシントンで生まれていた。「英国への軍需物資の供給はいったん止めるべきだ」との意見まで出ていた。

これにチャーチルは驚いた。米国の参戦はしばらく期待できないにしろ、軍需物資供給が止められてはならなかった。彼はこの苦境を打開する奇策を考えた。先の米大統領選挙で敗者となったウィルキーの利用である。彼を招き、空爆に苦しむロンドンを視察させる。そのうえで、「不屈の精神で戦う英国民を救え」と米国民に訴えさせるのである。

無名だったウィルキーも、大統領選挙戦を通じて知名度は十分に上がっていた。英国好きのウィルキーがチャーチルの要請に応えたのはいうまでもない。

この作戦にFDRも協力した。一九四一年一月十六日、彼は訪英直前のウィルキーをホワイトハウスに招き、チャーチルを励ます手書きの親書を託した。[*1] ロンドンに入ったウィルキーは、首相官邸でチャーチルと会談しルーズベルト親書を手交した（一月二十七日）。その後、空爆被災地に向かい市民を励ました。

二月五日、FDRはロンドンのウィルキーに電話して帰国を促し、上院外交委員会の場でロンドンの状況をつぶさに証言するよう求めた。[*2] 英国への武器供給を止めるべきだとの議会の動きに対抗するFDRの作戦であった。ヨーロッパ問題非干渉を党是とする共和党の元大統領選候補者に、ドイツの攻勢に抗《あらが》う英国民の勇気ある姿を証言させ、英国への支援継続を訴えさせたのである。

一方、FDRにとっても、米国の参戦を実現させるまで、英国の降伏はあってはならないことだった。FDRはまず駐英大使を代えた。ドイツに対し宥和《ゆうわ》的姿勢を見せ、ドイツとは講和すべきとの考えであったジョセフ・ケネディに代え、ジョン・ウィナント（元ニューハンプシャー州知事）を抜擢《ばってき》した。妻を本国に残したウィナントがロンドンに着任したのは、一九四一年三月のことである。

このころ、米国人俳優ヴィック・オリバーとの結婚が破綻していたチャーチルの娘サラはロンドンに戻っていた。五十二歳の大使と二十七歳のサラはたちまち不倫の関係に落ちた。公然の「秘密」だったが、誰も口にしなかった。米国の要人との「特別な」関係は愛国的行為と見なされた。[*3]

同じころ、英国への武器支援の打ち合わせにアヴェレル・ハリマンがロンドンにやって来た。のちに駐ソ大使となる、FDRのお気に入りである。歓迎のパーティーがロンドンの高級ホテル「ザ・ドチェスター」で開かれた。ハリマンの隣に座ったのはパメラ・チャーチルだった。長男ランドルフの妻である。彼女は、肩を大きく晒《さら》したドレスに身を包んでいた。食事のあいだ、彼の腕にその指をしなやかに纏《まと》わり付かせ、彼のたわいのないジョークに破顔した。

二人はその夜を共にした。闇夜の中でドイツ空軍の爆撃が続いていた。[*4]チャーチルは、息子の放蕩《ほうとう》で二人の結婚生活がすでに破綻しているのを知っていた。アメリカからやって来た二人の大物は、チャーチルの実の娘と義理の娘を抱いた。その行為をチャーチルは黙認した。[*5]この二人の大物が英国支援に全力を尽くしたことはいうまでもない。

ウィナントもハリマンもハンサムな男であった。二人の娘には不貞の罪悪感はあっただろう。しかし、同時に愛国の行為であるという意識もあったに違いない。チャーチル一族の究極の接待攻勢であった。四人の「不倫」は近現代史の影の部分（歴史の細部）である。

＊1：THE Townsville Daily Bulletin, January 21, 1941
https://trove.nla.gov.au/newspaper/article/61482133

＊2：When Reason Trumped Politics: The Remarkable Political Partnership of Franklin Delano Roosevelt and Wendell L. Willkie
https://fdrfoundation.org/willkie/

＊3：Sonia Purnell, *Clementine*, Viking, 2015, p271

＊4：同右、p273

＊5：同右、pp273-274

ハワイの地方紙が予告していた「真珠湾攻撃」

一九四一年の米国の対日外交の実態は、すでに世に広く知られているであろう。米国は、ＦＤＲおよびその最側近の親友、ヘンリー・モーゲンソー財務長官の指導下で、日本の在米資産を凍結し（七月）、日本が需要の八割を依存していたカリフォルニア産石油を全面禁輸した（八月）。十一月二十六日には日米交渉の打ち切りを宣言する実質的最後通牒である「ハルノート」を突き付けた。

米国は、これらの対日強硬外交によって、日本と戦争になるのを予期していたことは間違いない。議論となるのは、日本海軍の真珠湾への奇襲攻撃を予知していたか否かである。これまで明らかになった証拠を総合すれば、ＦＤＲ以下の政権要路が十二月七日（ハワイ時間）の真珠湾攻撃の可能性を理解していたことは疑いの余地がない。民事訴訟的基準であれば、「有罪」のレベルである。

HILO TRIBUNE HERALD
FINAL EDITION
HILO, HAWAII, SUNDAY, NOVEMBER 30, 1941
JAPAN MAY STRIKE OVER WEEKEND
Steps Taken To End Dock Delays Here
FOOTBALL SCORES
Midshipmen, Pitt, Huskies Other Winners
Army Charters Humuula For 16 Day Period
Reds Re-Take Rostov After Classic Move
Tokyo Desperate As Talks Collapse
Tojo Demands Asia "Purge"

1941年11月30日付『ヒロ・トリビューン・ヘラルド』
（引用元：https://pandorasbox2014.wordpress.com/tag/november-30-1941/）

真珠湾攻撃の一週間前、一九四一年十一月三十日は日曜日であった。この日、ハワイ島ヒロの新聞『ヒロ・トリビューン・ヘラルド』はその一面で、「日本、来週末にも攻撃の可能性（JAPAN MAY STRIKE OVER WEEKEND）」と報じた。その文字が新聞題字よりも大きいことからも、記事の重大性がわかる。

「日米交渉の失敗で日本（東京）は、自暴自棄になっている」との小見出しも見えている。この記事からわかるように、日本の攻撃が翌週にはどこかで始まる強い可能性を報じている。米太平洋艦隊の基地があるハワイがそのターゲットの一つとなることは明らかである。

この記事の存在について、釈明史観主義に立つ

Japanese May Strike Over Weekend!

The Honolulu Sunday Advertiser

Hawaii's Territorial Newspaper

FINAL EDITION

KURUSU BLUNTLY WARNED NATION READY FOR BATTLE

Mexican Cop Says Torrance Slayer Of Wife

Leaders Call Troops Back In Singapore

Will Santa Fit The Plane?

Nazis Clamp Curfew Over Montmarte

Foreign Affairs Expert Attacks Tokio Madness

1941年11月30日付『ホノルル・アドバタイザー』
（引用元：https://pandorasbox2014.wordpress.com/tag/november-30-1941/）

正統派歴史書は書かない。読者のほとんどもこの事実を知らないであろう。日本との戦いが翌週末から始まる可能性があるとはっきり報じていたのは、『ヒロ・トリビューン・ヘラルド』だけではない。オアフ島の有力紙『ホノルル・アドバタイザー』も同様の見出しで報じていた。見出しには「来《く》栖《す》大使、『戦いの準備はできている』と語る」とある。要するに、「来週には（具体的な場所までは特定できないにしろ）日本が攻撃してくる」とハワイの複数のメディアは報じていたのである。

それでは、なぜハワイ駐留の米海軍や

陸軍はハワイがターゲットになる可能性を考えて、高度な警戒態勢をとらなかったのか。その答えは単純である。ワシントンからそうしたことを窺わせる情報が届いていなかったからである。

ハワイ諸島の防衛は、陸軍（ウォルター・ショート中将）の所管であった。彼には、ワシントン本省から「ハワイ日系人による破壊活動を警戒せよ」との訓令はあったが、それ以上の指示はなかったし、警戒のレベルを上げるべき新たな情報もなかった。地方紙が「翌週末には日本の攻撃があるらしい」と報じても、より日米交渉の事情に詳しいはずの本土の新聞は報じていない。

本省からも、具体的な警戒レベル引き上げの指令はきていない。ショート将軍やキンメル提督（海軍）が、「地方紙の飛ばし記事」と見なしたとしても不思議ではない。

では、ハワイの地方紙はいかなる情報に基づいてこの記事を書いたのか。この点については、歴史修正主義に立つ二人の学者（スチーブン・J・スニエゴスキ、チャールズ・ラットン）の論考[*1]が参考になる。二人は多くの証拠を挙げているが、次節ではその一つを紹介する。

＊1：Stephen J. Sniegoski, The Case for Pearl Harbor Revisionism, 2004
https://www.unz.com/article/the-case-for-pearl-harbor-revisionism/
Charles Lutton, Pearl Harbor: Fifty Years of Controversy, The Journal of Historical Review, Winter 1991-1992 (Vol. 11, No. 4)
https://www.unz.com/pub/jhr__pearl-harbor-fifty-years-of-controversy/

なぜか黙殺される「風」暗号の傍受

日本政府は出口の見えない日米交渉が決裂した場合に備えて、世界の在外公館に〝その日〟に備える訓令を出していた。天気予報の体裁をとった暗号文、「東の風、雨」のメッセージが発せられた場合、それは日米交渉の決裂を意味するとあらかじめ知らせていた。

日本の在外公館は、このメッセージを受けて暗号解読機を破壊した。これにより、日本は戦争準備段階に入った。

この通知は機密性の低い日本の外交暗号（J19）を使ってなされたこともあり、米国側はたちまち解読していた。米国が、「東の風、雨」暗号を傍受したのは、十二月四日のことである（一九四四年、陸・海軍聴聞会証言）。

そしてこの情報が、たしかに米軍上層部に伝えられたことは、NSA（米国家安全保障局）が一九八〇年三月に秘密解除した文書（『風』メッセージに関わる文書〈ＳＲＨ−０５１ラルフ・Ｔ・ブリッグスからの聴き取り報告書〉）によって明らかになっている。

ところで、著名な真珠湾問題研究者に、ゴードン・プランゲがいる。彼の著作に『我々が眠りについていた夜明け 語られなかった真珠湾攻撃の内幕』がある。[*1] プランゲは一九八〇年五月に亡くなったが、二人の弟子が彼の残した原稿を整理加筆して上梓《じょうし》した作品である。二人は「一九八一年五月一日までに明らかになった資料すべてに目を通した」と胸を張っている。しかし、この時点で判明していた「風」メッセージが解読されていた事実に触れていない。

プランゲは、「米軍は日本の真珠湾攻撃を示す多くの情報を入手してはいたが、それがＦＤＲ政権上層部に正確に伝わっていなかった。諜報責任者に何が重要な情報かを的確に判断して政権幹部に伝える能力がなかった。情報処理は〝アート〟であり、アメリカはその能力に欠けていた。従ってＦＤＲ政権中枢に真珠湾攻撃を許した責任はない。原因は米軍の機密情報（暗号解読されて得た情報）の扱いの問題であった」と主張する学者である。[*2]

FDR政権には責任がないとする勢力（釈明史観主義の歴史家、民主党政治家）には、都合がよい解釈である。

プランゲは、ダグラス・マッカーサー将軍が率いた連合国軍総司令部（GHQ）傘下のG2歴史編纂《へんさん》部に所属し、一九四六年十月から五一年七月まで日本に暮らした。そのこともあり、「日本通の学者」と見なされていた。

帰国後、メリーランド大学で歴史学を教えていた彼に真珠湾問題についての論考執筆を依頼したのは、大手出版社のマグロウヒル社だった。このメインストリームに属する出版社は、プランゲ教授に二万五〇〇〇ドル（現在価値で約六万二〇〇〇ドル〈約六八二万円〉）という破格の印税を前払いしている。彼の死後、二人の弟子が遺稿をどうしても完成しなくてはならなかった理由もそこにあった。『我々が眠りについていた夜明け』の出版には、FDR擁護派が関わっていたのであろう。

プランゲ論考の特徴は、日米関係（二国間関係）に直接的に焦点を当てるあまり、

FDRのヨーロッパ外交と日米交渉との相関を見ていないところにある。彼の考察に深みが欠けるのはそれが理由である。日本でも広く知られている映画『トラ・トラ・トラ！』は、彼の作品がベースである。戦後においても「歴史戦」とハリウッドの関わりが透けて見える。

＊1：Gordon W. Prange, *At Dawn We Slept : The Untold Story of Pearl Harbor*, McGraw-Hill, 1981. 邦訳『真珠湾は眠っていたか（全三巻）』講談社、一九八六～八七年

＊2：ジェフリー・レコード『アメリカはいかにして日本を追い詰めたか』渡辺惣樹訳、草思社文庫、二〇一七年、一四六～一四七頁（訳者解説部分）

対日外交交渉記録の破棄、改竄疑惑

ＦＤＲ政権は、米国世論の八割以上が対独戦争に巻き込まれることを拒否していただけに、ヨーロッパへの戦争介入のためにはこの世論を動かさなくては身動きがとれなかった。そのためには米国本土が直接攻撃に晒される必要があった。日本による真珠湾攻撃は、まさしくその目的を叶えたものだった。

しかし、大統領府も国務省も真珠湾攻撃による被害の大きさにショックを受けた。とくに国務省の官僚は、想定以上の被害が出たことで、ワシントン議会が真珠湾攻撃に至るまでの対日外交の実態調査に入る可能性が出てきたことに怯えた。

筆者は仕事柄、ワシントン議会の聴聞を見る機会が多いが、証人は、一段も二段も高い位置に座る議員から見下ろされるようにして鋭い質問を浴びせられる。米国の議員は法律の専門家がほとんどである。アメリカ議会における公務員に対する聞き取りプロセスは日本の国会のそれよりは数段厳しい。ＦＤＲ政権は、世間に隠し続けていた非常識なほどの対日強硬外交の実態が「ばれる」ことを恐れたのだ。

コーデル・ハル国務長官は真珠湾攻撃のあった九日後（一九四一年十二月十六日）、過去十年間にわたる対日外交交渉記録をまとめる四人からなるチームを立ち上げた。省内では、責任者ジョセフ・バランタイン（元在東京大使館書記官）の名をとって「バランタインプロジェクト（Bally's Project）」と呼ばれた。[*1]

表向きはいつ始まってもおかしくない議会調査を前にした必要資料の準備作業であったが、このチームが数々の文書の破棄あるいは改竄《かいざん》を行なっていたとする証言が出た。

証言したのは、ホワイトハウス担当の名物記者ヘレン・トーマス（ＵＰＩ通信）であった。事件から半世紀を経た一九九四年、知人のオリーブ・シュラーから それを聞いたと明らかにした。[*2] シュラーは真珠湾攻撃当時、国務省極東部に所属するタイピストであった。秘密の小部屋で、国務省が文書作成時に使用していた古いタイプライターを持ち込んでの改竄を命じられたと語った。もちろん他言無用と警告されていた。

「私（オリーブ）は打ち直しをさせられたのよ。あの長ったらしいごちゃごちゃした文書をおんぼろタイプライターを使って打ち直したのよ。それだけじゃないわ。（公式文書として残す）国務省外交記録[*3]も改竄したのよ。結局私は我慢できずに他所への異動を願い出たわ」

残念ながらシュラーの証言は伝聞証言で本人からの確認はできない。米国はいまだに真珠湾攻撃に関わる資料のすべてを公開しているわけではない。もしかしたらこの改竄（疑惑）行為と関係があるのかもしれない。公務員にとっての議会質問の恐怖は日米共通である。

＊1：Anthony Summers & Robbyn Swan, *A Matter of Honor*, Harper, 2016,

p61
＊２：同右、p62
＊３：the Foreign Relations Series

敗者ウィルキーの再利用：中国支援

一九四一年十二月七日晩（ロンドン時間）、チャーチルは真珠湾攻撃の報をラジオで知った。彼は、この夜の晩餐《ばんさん》に数人のゲストを招いていた。その一人がジョン・ウィナント米駐英大使だった。ニュースを聞いた二人はその「喜び」を爆発させた。手を取り合って部屋中を飛び跳《は》ねた。そのとき、チャーチルは気づいていなかったが、一つ誤算があった。日本海軍の真珠湾攻撃があまりに見事であったことである。

真珠湾攻撃後、十二月十一日、独伊は米国に宣戦布告。米国も両国に宣戦した。チャーチルはついに「裏口から」の米国の参戦を実現させたのである。*1 しかし、日本の「卑怯《ひきょう》な」不意打ちに憤《いきどお》った米国民の怒りは、当然ながらドイツではなく日本に向けられた。これにチャーチルは頭を抱えた。

彼は直ちにワシントンに向かった。予定になかったホワイトハウスでのクリスマス休暇となったが、その目的は、事前の打ち合わせどおり、米国に対独戦争を優先させるためであった。FDRと合意はできていたが、チャーチルは不安だったのである。米軍上層部からあらためて対独戦争優先の方針を告げられてようやく安堵した。*2

チャーチルとFDRの次なる狙いは、米国が対独戦争を優先させているあいだ、日本の軍事力(陸軍)を中国大陸にくぎ付けにすることであった。二人はここでもウィルキーを利用した。彼を中国に派遣して、蔣介石を激励するのである。米国の対日戦が本格化する前に蔣介石に白旗を揚げてもらっては困る。

ウィルキーは、大統領選敗北後、多くの国を訪問し、戦後の枠組みを語る「民間外交」(ワールドツアー)を繰り広げていた。民主党的グローバリズムを世界に拡散する作業だけに、FDRが旅の便宜を図っていたことはいうまでもない。ウィルキーを中国に遣ることは容易だった。

FDRは訪問地でのウィルキーの言動を政権の方針から逸脱させないよう留

意した。ウィルキーを監視する人物を彼の旅に帯同させたのはそのためである。先に無名だったウィルキーを『ミネアポリス・スター』紙、『ルック』誌などが支援したと書いたが、『ルック』誌のオーナーの一人がマイク・コウルズ（Mike Cowles）なる人物だった。FDRは彼を監視役につけた。コウルズはFDRが創設した諜報プロパガンダ機関（戦時情報局：OWI）の工作員でもあった。

ウィルキー一行が、エジプト、ベイルート、エルサレムと回り、ソビエト経由で重慶に入ったのは、一九四二年九月二十九日のことである。モスクワではスターリンとも会っていた（九月二十三日）。スター気取りで現れたウィルキーを、蔣介石夫妻や宋子文（蔣介石夫人の兄）らが歓迎した。

蔣介石政権にとって米国からの支援が対日戦争継続の生命線だった。蔣介石夫人の宋美齢は九歳から渡米し、米国の名門女子大学（ウェルズリー大学）を卒業し、英語に堪能だった。宋美齢はウィルキーを誘惑した。彼女の振る舞いは大胆だったらしく、デイヴィッド・バレット（米駐在武官）は、「彼女は体全体から色気を漂わせていた。そんな彼女がウィルキーを落とすのは簡単だっ

宋美齢（右）と握手するウィルキー。二人の後ろに、蒋介石も見える

た」[*3]と記している。

重慶では晩餐会が続いた。ある夜の会場からメインゲスト（ウィルキー）とホステス（宋美齢）が消えた。午後九時ごろ、コウルズはウィルキーの行方を心配しながら宿所（宋子文の別邸）に戻った。ウィルキーは帰っていなかった。

コウルズが一人で、宋美齢から贈られたスコッチを飲んでいると、血相を変えた蒋介石が三人の護衛を連れてやってきた。彼もウィルキーの行方を追っていた。蒋介石は、すべての部屋を探したが、見つからず憮《ぶ》然《ぜん》として帰っていった。[*4]蔣介石と宋美齢は仮面夫婦だったが、妻の勝手なハニートラップに気づき、我慢がならなかったらしい。

上気したウィルキーが宿舎に戻ったのは明け方近い四時ごろであった。彼はコウルズにその夜の出来事を語った。その態度は、アバンチュールを仲間に自慢する大学生のようだったらしい。呆《あき》れるコウルズに追い打ちをかけるように、「知性、美貌、性的魅力。彼女は最高の女だ」「彼女を米国に連れて帰る」とまくしたてた。

あまりの幼稚な言動に、「お前は馬鹿か（You're just a goddam fool!）」とコウルズは強く叱責し、「同伴帰国」を諦めさせた。ウィルキーは、「それじゃあ、断わり役は君がやってくれ。彼女は、病院の最上階の部屋にいる」とむくれた。その病院は彼女が開設に関わった女性・子供専門病院で、彼女の雇ったボディーガードが警備する安全地帯だった。[*5]

ウィルキーは十月半ばに帰国すると、直ちにFDRに旅の成果を報告した（十月十四日）。翌一九四三年二月十八日、ワシントン議会でスピーチする宋美齢の姿があった。ＦＤＲ政権は、彼女の訪米を結局は実現させたのである。彼女は、「野蛮な」日本に抵抗する中国を自画自賛し、米国との連帯を訴えた。[*6]

＊1：チャールズ・タンシル『裏口からの参戦　上・下』草思社、二〇一八年

＊2：ハーバート・フーバー『裏切られた自由　上・下』草思社、二〇一七年

＊3：Jonathan Fenby, *Generalissimo*, Free Press, 2003, p390

＊4：同右、p391

＊5：同前、p392

＊6：宋美齢のスピーチ全文は以下のサイトで確認できる。
https://china.usc.edu/soong-mei-ling-%E2%80%9Caddresses-house-respresentatives-and-senate%E2%80%9D-february-18-1943

チャーチルの娘を抱いた男の運命

チャーチルが二人の娘をアメリカ高官に抱かせたことは前に記した。その結果、非干渉の世論の前に身動きのとれない（参戦できない）FDR政権からの武器支援だけは確実なものにした。「正統な」史書にはけっして書かれない「偉大なる戦争指導者」チャーチルの裏の顔である。

チャーチルの娘を抱いた二人の男の運命も興味深い。本節では、チャーチルの実の娘サラと不倫の恋に落ちたジョン・ウィナント米駐英大使について書いておきたい。

ウィナントはニューハンプシャー州知事を二期務め、最低賃金の導入、福祉の充実、大型公共投資の実施、森林保護といった政策を進めた。共和党員であったがリベラル思想をもつ、ハンサムで裕福な政治家だった。

その「リベラルぶり」は、FDRが「空想家（utopian）」とからかうほどであった。知事一期目も終わったころに大恐慌が起きた（一九二九年）。自身も相当の資産を失ったが、議会の建物を警備する警官に、「腹を空《す》かせた失業者を見たら食事を与えてほしい。その費用は私が立て替える」と指示するほどだった。

彼の「活躍」に目を付けたのがフランシス・パーキンスだった。FDR政権では第一期から四期まで労働長官を務めたFDR親衛隊のような女性政治家だった。

FDRは、ウィナントを新設の社会保障局長に抜擢したが、その後、ウィナントはパーキンスの強い推しでILO（国際労働機関）事務局長（第三代）に就任した。FDRは、リベラル思想の塊《かたまり》のような彼を「英国はドイツに勝てない。講和の道を探るべき」だと訴えるジョセフ・ケネディに代えて駐英大使に起用した。ウィナントは、家族を置いて赴任したロンドンで、たちまちチャーチルの娘サラと不倫の恋に落ちたのだった。

サラの結婚生活は破綻していたが、米人俳優の夫との離婚は成立していなかったから、「ダブル不倫」だった。チャーチルはこの禁断の恋を歓迎した。ウィナントはまるでチャーチル家の一員であるかのように扱われた。チャーチル一家は、ロンドンの北西六五キロメートルにあるチェッカーズの首相別邸で週末を過ごすことが多かったが、そこにはいつもウィナントの姿があった。

前述したように、日本の真珠湾攻撃の報が伝わったのは一九四一年十二月七日、日曜日の晩のことだった。この夜の晩餐にはウィナントだけでなく、もう一人の娘（長男ランドルフの妻パメラ）と不倫関係にあったアヴェレル・ハリマンもいた。晩餐の最中、侍従がラジオを持って食堂に現れた。それを電源につなぐと日本の真珠湾攻撃を伝える報が流れた。これを聞いたチャーチルは、あまりの喜びに部屋中を踊るように跳ねたというが、その「踊り」にはウィナントも加わっていた。

十二月十一日、彼らの狙いどおり、ヒトラーが対米宣戦布告をしたことで、ヨーロッパの局地戦は世界戦争になった。ウィナントの仕事はますます忙しくなった。それでもサラとはいつでも会えた。彼女のアパートは大使館から歩いて五分の距離だった。サラは、カイロやテヘランの会談にも同行した。米代表団の一員として、ウィナントの姿もあった。二人は会談後の晩餐が終わると、人目も忍ばずダンスに興じた。

一九四五年五月にはドイツが、八月には日本が降伏した。このころにはサラの離婚は成立していたが、戦いの火が消えると彼女の恋情も冷めた。しかし、ウィナントの恋心は消えなかった。一九四六年、ウィナントは大使の任を解かれたが、帰国しようとしなかった。

サラは、彼から距離を置こうとローマに飛んだ。映画出演のためであった。傷心のウィナントが帰国したのは、この数カ月後のことだった。

彼の夫婦関係も破綻していたが、自身の帰国で元に戻りはしなかった。そんななかで戦時の回顧録を執筆した。一九四七年十一月二十七日は回顧録発売の日であった。この日、ウィナントは自宅二階にある息子の部屋に入った。息子はB－17爆撃機のパイロットだったが、ドイツ軍の捕虜になり、解放後は英オックスフォード大学で学んでいた。誰もいない部屋で彼は回転式拳銃を使って自らの命を絶った。

サラはその訃報に落ち込んだ。しかし、その後、二度結婚した。最後の結婚（一九六二年）は幸せだったらしいが、夫は結婚後わずか一年で死んだ。彼女が長い闘病生活の末に亡くなったのは、一九八二年のことである。

日米で異なる近衛文麿の評価

英語文献を読んでいると、人物評価が日本語文献と大きく違うことに驚かされることがある。その典型が近衛《この え》文麿《ふみ まろ》かもしれない。近衛の評価は日本では概して芳《かんば》しいものではない。評判が悪いのは、第一次近衛政権（一九三七年六月四日〜一九三九年一月五日）が世間の期待に背いたからである。

近衛が政権をとった翌月の七月七日、盧溝橋事件が起きた。現地司令官による実務者交渉で、事件はすぐに鎮静化すると思われたが、蔣介石の好戦的態度に引きずられて一向に収束せず、第二次上海事変（八月十三日）に拡大した。

独駐中国大使オスカー・トラウトマンの仲介（トラウトマン工作）に従えば、戦線が拡《ひろ》がることを防げた可能性もあった。軍も戦いが拡大することを嫌った。

しかし、コミンテルンのスパイ尾崎秀実《ほつ み》らのブレーンの進言を受けて戦線を拡大した。それを止めえた立場にあったにもかかわらず、それをしなかった。近衛は学生時代に共産主義に傾倒したこともあり、中国共産党ひいてはスターリンを利するために行動したのではなかったかとまで疑われている。

ところが、米国のとくにＦＤＲ外交を批判的に見る歴史書では、この時期の近衛の外交に無関心である。むしろ当時のソビエト外交の狡猾《こうかつ》さに驚きを示す。当時の日本外交の対中政策はきわめて自制的であったことが、中国出先の外交官から国務省本省に伝わっていたからである。盧溝橋事件はソビエトの工作によるとの分析がなされていた。

近衛内閣発足の前に短い期間であるが林銑十郎《せんじゅうろう》内閣（一九三七年二月二日〜六月四日）があった。林は、外務大臣に佐藤尚武《なおたけ》を充《あ》てた。佐藤はジョセフ・グルー米駐日大使をよく知っていた。佐藤は林内閣の対中宥和方針が断固たるものであることをグルーに伝えていた。そのことを具体的に示す動きもあった。それが児玉謙次（元横浜正金銀行頭取）を団長とする対中経済ミッションであった。児玉が蔣介石と会ったのは三月十六日、十七日両日であった。

盧溝橋（北京市南西の豊台区を流れる永定河に架かる橋）

蔣介石は、日本の工業化（産業振興）の専門家の意見は歓迎するとしたうえで、「中国の産業経営者は、日本の専門家のアドバイスを聞き入れ興業への第一歩を進めるだろう」[*1]と述べたものの、協力の前提に塘《タン》沽《クー》協定（一九三三年五月）の破棄を要求した。満洲事変を収束させた協定だけに、日本がこれを受け入れられないことは当然であった。児玉ミッションは結局何の成果も生まなかったが、日本の対中姿勢を評価する報告書がグルー大使から提出されていた（一九三七年六月二十四日付）[*2]。ガウス駐上海総領事も同様に日本外交を評価していた。[*3]

したがって、米国の史家は、盧溝橋事件以降の日華事変への拡大については近衛の失策というよりも、ロシア（スターリン）の工作の見事さに驚きを見せる。そのことは次の描写によく表れている。

「事件が起きたのは七月七日夜のことであった。有名なマルコ・ポーロ橋（盧溝橋）近くで、日本の歩兵が中国で第二九軍の部隊と交戦状態に入ったのである。極東外交劇場において、ソビエト支配の物語が華々しく開幕した。（中略）しかしこの劇がソビエトの思うとおりの筋書きで進んでいくことまで理解できた者はほとんどいなかった（後略）[*4]」

ＦＤＲ外交を批判し、彼がスターリンの仕掛けた対中・対日外交の巧みさに鈍感であったことを指摘する米国の史家は、日本の外交政策に変化があったから盧溝橋事件が起こり、それが日華事変に拡大したとは考えない。日華事変はロシアの工作が原因であって、近衛の外交はその結果として生じたと考える。

一方で、開戦直前の第三次近衛内閣（一九四一年七月十八日〜十月十八日）で見

せた近衛の日米衝突回避の努力を評価する史書は多い。その筆頭はハーバート・フーバー元大統領であろう。フーバーは近衛がグルー大使を通じて繰り返し首脳会談を望んだ経緯をその書『裏切られた自由』で詳述する。近衛が自身の生命の危機を感じながらも国論を対米戦争回避にいったんはまとめ上げたことを諒《りょう》とし、彼の首脳会談の要請を拒否したFDRを批判する。

近衛文麿の評価はたしかに難しい。ただ、欧米の史家で近衛を批判するものは少ないこともまた知っておいてよいだろう。

＊1：チャールズ・タンシル『裏口からの参戦　上巻』草思社、二〇一八年、二六八頁
＊2：同右、二七〇頁
＊3、4：同右、二七一頁

パットン将軍の怒り

ドナルド・トランプ大統領（一期目）はその演説の中で「エレメント・オブ・サプライズ」というフレーズをよく口にした。戦いあるいは交渉にあたって相手の「不意を衝《つ》く」という意味である。トランプの周囲は敵ばかりであった。民主党だけではなく、共和党内部にもネオコンに代表される敵がいた。FBIの幹部も彼を嫌い、メディアの批判につねにされされた。そうした状況のなかで仕事をしようとすれば、敵の不意を衝くしかない。

トランプが好んだ「エレメント・オブ・サプライズ」は、第二次世界大戦で名を馳せた名将軍ジョージ・パットンの戦術モットーであった。連合軍は、ロンメル将軍指揮のドイツ機甲部隊を北アフリカから排除すると（トーチ作戦、一九四三年五月）、その余勢をかってシシリー島上陸作戦を開始した。その主力となった米第七軍を指揮したのが、ジョージ・パットン将軍である。

激戦は一月余り続いた（一九四三年七月十日〜八月十七日）。八月三日、将軍は前線近くに設置された第一五野戦病院を慰問《いもん》した。そこでチャールズ・クールなる兵士が精神疾患《しっかん》で収容されていたのを見た。将軍は詐病《さびょう》を疑い、激しくその頬を殴った。この二日後、前線で戦うことを拒否するような兵士がいれば病院に送るな、軍法会議にかけよと命じた。

この事件の一週間後、今度は第九三野戦病院でポール・ベネットなる兵士を同じように殴った。パットンは彼も仮病を使う臆病者だと確信した。「こいつは黄色人種のようなくそ野郎だ（A yellow son of bitch）」と、精神病医や看護婦の前で罵《ののし》った。「すぐ前線に戻れ、さもなければ処刑する」と叫び、護身用のコルト拳銃で射殺しかねない勢いであった。

ベネットは勇敢な兵士だったが、新妻の手紙に同封されていたまだ見ぬ赤子の写真を見た途端に精神のバランスを崩したのであった[*1]。

これまで繰り返し述べてきたとおり、先の大戦でアメリカ国民はヨーロッパの戦争に関わりたくなかった。参戦を目論《もくろ》むFDRは、一九四一年八月にチャーチル英首相とカナダ・ニューファンドランド島沖で密談し、「崇高なる」大西洋憲章を発表した。国民の反独感情を煽る狙いがあったが、世論は非干渉の立場を変えなかった。第一次世界大戦ではウッドロー・ウィルソン大統領に騙《だま》されたと感じている国民がほとんどであった。その世論をひっくり返したのが真珠湾奇襲であった。

憤る国民に、「ドイツ人や日本人は獣である」とするメディアを使った洗脳が始まった。「敵兵は獣」キャンペーンは「敵の非人間化」という古典的な洗脳手法だった。

開戦直後は、米国民の多くが枢軸国への憎しみに燃えた。志願兵も殺到した。しかし、その熱情はしばらくすると冷めていった。米国参戦の翌年（一九四二年）の調査では、兵士の三人に一人が戦う（命を懸ける）理由がわからないと答えている。*2

ハリウッドは敵への憎しみを煽るプロパガンダ映画を数多く製作したが、戦意高揚には成功していなかった。何のために戦っているのかわからない兵士は敵を憎めない。戦うことに疑いをもてば、その感情が精神疾患を誘発する。パットン将軍が疑ったように、病《やまい》を装う者もいたではあろうが、相当数が本物の疾患に悩まされたのである。

調査の実施された年の八月、ガダルカナル島で激戦があった。日本の守備隊は二万人以上が死んだ。米軍兵士もおよそ七〇〇〇人が死んでいる。熱帯雨林の中で洞窟に潜みながら激しく抵抗する日本軍を前にして、米軍兵士の多くが精神のバランスを崩した。五人に二人の割合で米国本土に戻さなくてはならないほどに深刻であった。*3

こうした事実は記録映画にもハリウッド映画にも出てこない。トランプが敬愛したパットン将軍でさえも、一兵卒に戦う理由《わけ》を納得させるのは至難の業であった。

プロパガンダがバレやすい現代においては、世界中の軍隊が「戦う動機付け」に悩んでいるに違いない。母国が侵略されるという事態がないかぎり、命を捨てる覚悟をさせるのは難しい。形而上的《けいじじょう》理念で大衆が動くことはほとんどないからである。

＊1：Eric Jaffe, *A Curious Madness*, Scribner, 2014, pp143-144
＊2：同右、p138
＊3：同右、p140

第4章

原爆投下をめぐる狂気

アインシュタインの原爆開発提案

釈明史観の歴史家の特徴は二枚舌（ダブルスタンダード）である。序章に書いたように、ピカソの描いた「ゲルニカ」は、戦争における「民間人虐殺」を描いたものであった。そうであれば、彼は広島・長崎に落とされた原爆による民間人虐殺にも心を痛め、ゲルニカを上回るパッションでその非道を訴える創作意欲が湧かなくてはならないはずである。しかし、彼が原爆の非道を訴える作品を描こうとした形跡はない。

米国は、「広島・長崎に住む民間人は軍事工場で働く労働者であり、真の意味の民間人ではなかった」と主張して、二発の原爆投下を正当化しようとしている。また、「原爆の投下で本土決戦が避けられた、両都市の犠牲者以上の命を救えた」とする詭弁《きべん》も使っている。しかしハーバート・フーバー大統領がその書『裏切られた自由』で明らかにしているように、米国は日本が降伏条件の交渉を求めていることを知っていた。当時の軍関係者の多くが、原爆を使用せずとも日本の降伏は時間の問題であると証言している。彼らは、日本本土上陸作戦の実行は不要であることをわかっていたのである。フーバー大統領は、原爆の投下で米国は未来永劫、自責の念に苦しむことになると嘆いている。

本章は、原爆投下に関わるいくつかの事件の深掘りを試みたものである。

アルバート・アインシュタインがフランクリン・デラノ・ルーズベルト（ＦＤＲ）大統領に原子爆弾の開発を勧める親書に署名したのは、一九三九年八月二日のことである。ヨーロッパで戦端が開かれる一月前であった。

アインシュタインは、直近の四カ月で核分裂反応に関する研究が急速な進展を見せたことを述べ、それを利用した大量破壊兵器（爆弾）開発をＦＤＲに勧めた。

九月初めにはヨーロッパでの戦いが始まった。十月十九日、ＦＤＲはアインシュタインに返書し、国立標準局（ＮＢＳ）局長や陸海軍の代表をメンバーにした新型爆弾製造検討委員会の設置を決めたことを伝えた。

一九四二年十月、FDR政権は核爆弾開発（マンハッタン計画）を本格化させた。陸軍が開発の中心となり、計画の責任者にはレズリー・グローヴス大佐（のちに中将）が任命された。

核爆弾の原料には二つの物質が選ばれた。一つは天然ウランにわずかに含まれるウラン235、もう一つはウラン238をさらに核分裂させることで得られるプルトニウム（239）であった。

ウラン235は天然ウランに〇・七％含まれ、両者にはわずかな質量差がある。それを利用して分離を繰り返しながら濃縮する施設は、第1章でも記したように、テネシー州オークリッジに建設された。

プルトニウムの製造工場（原子炉）建設には注意が必要だった。核分裂を起こさせる設備だけにロケーションの選択には条件が付いた。大量の電力を安価に得られ、冷却に必要な水が豊富でなくてはならなかった。まったく新しい技術であるだけに爆発事故の危険もあった。万一に備えて人口の少ない土地を選ばなくてはならなかった。科学者たちは入念な検討を重ね、ワシントン州の内陸の町ハンフォードに白羽の矢を立てた。

太平洋に面するワシントン州の中央部にはカスケード山脈が南北に走る。山脈の西側は太平洋からもたらされる湿った空気で雨が多い。豊かな森に恵まれ人口も多い。しかしハンフォードの位置する東側は内陸の乾燥地帯である。緑が茂るのは北米大陸屈指の大河コロンビア川の両岸だけである。半砂漠の土地であるだけに人口は希薄であった。新工場はコロンビア川から得られる電気エネルギー（水力発電）を存分に使うことができた。

Bリアクターと命名された原子炉は、一九四四年九月からプルトニウムの生産を開始した。核分裂反応で発生する熱は利用されることはなかった。冷却水に吸収されコロンビア川に捨てられた。Bリアクターは、原爆原料としてのプルトニウムを抽出するためだけの軍事施設であった。

現在、Bリアクターは国立公園局が歴史的建造物として管理している。インターネットを通じて予約すれば見学できる。筆者がBリアクターを訪れたのは、二〇一六年九月末のことであった。集合場所に指定された管理事務所からバスで三十分ほどの距離に原子炉はあった。バス（無料）は公園局が用意していた。半砂漠の土地に立つだけに、原子炉建屋《たてや》は遠くからでも目立っていた。形の異なる直方体を奇妙に組み合わせた建屋だった。

筆者は四〇人ほどの見学者の中で唯一のアジア人だった。最後方に付いて建屋内部に入ると、たちまち巨大な四角い「ハチの巣」が現れた（次頁写真参照）。縦八・五メートル、横一一メートル角で二〇〇四個の穴があった。「巣」はグラファイト製で、アルミニウム管に入ったウラン原料は「巣」の裏側の穴から挿入される。「巣」の内部で中性子を当てられたウランは核分裂を起こし最終的にプルトニウムに変わる。内部には核分裂過程で発生する熱を吸収する水管が張りめぐらされていた。水はコロンビア川から引いていた。

筆者が見上げた「ハチの巣」は、チューブに入りプルトニウムに変化した核物質の取り出し口であった。プルトニウムは、ここから近郊に建設された化学プロセス工場に運ばれ、純度を上げた。

Bリアクターで建設中の核物質の取り出し口

筆者は一瞬にして長崎市民七万人を超える命を奪った原爆製造工場に入ったのである。ただただ殺人を目的にしたプルトニウムを抽出する「ハチの巣」の前に立った。身体が汚れた感覚があった。

バスに揺られて管理棟に戻ると、止めてあった車に飛び込み、その場を離れた。初秋の砂漠の日差しはまだ強い。車内が焼けるように熱かったことを鮮明に覚えている。

原爆実験成功の報で蘇ったトルーマン

前節で原爆の原料にはウラン235とプルトニウムがあると書いた。ウラン235型原爆の起爆は容易であった。火打ち石の要領で起爆剤をウラン235に当てることで、臨界状態が得られると計算された。

一方のプルトニウム型は簡単に臨界状態を得られない。球形の爆弾内部外周に仕掛けた複数の起爆剤のエネルギーを爆縮レンズを使い、球の中心に集めなくてはならなかった。起爆構造の違いでウラン型原爆は細長くなり、プルトニウム型はずんぐりと丸みを帯びた。前者に「リトルボーイ」、後者に「ファットマン」の名が付いたのはこのためである。

人類最初の原爆実験（トリニティ実験）は、一九四五年七月十六日午前五時二十九分四十五秒（現地時間）に実施された。実験場はニューメキシコ州の砂漠地帯であり、使用された原爆はプルトニウム型であった。起爆が難しいこの型での実験に成功すれば、ウラン型の実験は不要であった。

このころ、米大統領ハリー・トルーマンはベルリン郊外のポツダムにいた。七月十七日からは連合国首脳との会談が予定されていた（ポツダム会談：同日から八月二日）。ドイツの戦後処理と、まだ終結していない対日戦争方針を決める会議であった。十八日午前七時半、トルーマンのもとに実験の成功を伝える「TOP SECRET URGENT」と記された暗号電が届いた。[*1]

副大統領であったトルーマンは、この年の四月十二日に亡くなったＦＤＲの後を襲ったが、ＦＤＲはトルーマンを連合国首脳との外交交渉にいっさい関わらせていなかった。外交には素人のトルーマンであったが、ＦＤＲの対ソ宥和外交のもたらす弊害にたちまち気づいた。

赤軍の占領したドイツ領土からは次々に工業設備が撤去され、ソビエトに運ばれていた。東欧諸国は共産党勢力が席捲《せつけん》していた。ソビエトの対日戦争参入はすでにヤルタ会談（同年二月）で容認されていた。いかにトルーマンが外交に疎くても、日本が降伏次第、ソビエトとの対峙《たいじ》が不可避であることは明らかだった。

原爆実験成功の報は、対ソビエト交渉に弱気だったトルーマンに活力を与えた。周囲が驚くほど生き生きと蘇った（スチムソン陸軍長官）[*2]。七月二十四日、彼はチャーチルと協議し、原爆を対日戦争に使用することを決めた。

マンハッタン計画には英国も参加していた。原爆の使用については両国の合意が定められていた（第一回ケベック会談〈一九四三年八月〉での秘密協定）。二人は新型爆弾の使用で、ソビエトの赤化攻勢を牽制できると期待した。チャーチルは原爆の無警告使用をトルーマンに勧めた。彼の言葉をジャーナリストのウォルター・ブラウンが遠耳《とおみみ》にしていた。

「日本は何の警告もなく真珠湾を襲い、貴国の若者を殺したではないか[*3]」

トルーマンとチャーチルは、スターリンに強力な新型兵器の開発成功を仄《ほの》めかすことも決めた。ただし「アトミック（atomic）」という用語は使用しないこととした。二十四日の会議終了後に、それを伝えられたスターリンは冷静だった。「新型爆弾？　それはよかった。おそらく日本に決定的（なダメージ）となる」[*4]と述べ、その場を去った。

八月七日（現地時間）、トルーマンは大西洋上にいた。巡洋艦オーガスタで帰路に就いていた。彼が広島に投下した原爆が「無事」成功したとの報を受けたのは水兵らと昼食をとっていたときであった。喜びのあまり立ち上がり、「艦長、まさに史上最高の瞬間ではないか！」と叫んだ。[*5]広島に投下された原爆は未実験のウラン型だった。実験済みのプルトニウム型原爆が長崎に投下されたのは、この三日後である。

＊1、2：Michael Neiberg, *Potsdam*, Basic Books, 2015, p239
＊3：同右、p240
＊4：同右、p243
＊5：Craig Collie, *Nagasaki*, Portobello Books, 2011, p77

原爆無警告使用を決めたスチムソン

広島、長崎への原爆投下を決定したのはトルーマン大統領だったが、実務上の責任者はヘンリー・スチムソン陸軍長官だった。前述したように、一九四二年秋、FDRは核兵器開発に関わる検討委員会を秘密裏に発足させた。メンバーはスチムソン、ウォーレス副大統領、マーシャル参謀総長および二人の科学者だった。[*1]

スチムソンは、原爆開発計画（マンハッタン計画）が動き始めていた一九四三年五月一日から辞任する四五年九月二十一日まで、本案件について大統領に直接報告する最高責任者となっていた。

一九四五年三月十五日、スチムソンは核兵器開発の進捗状況をFDRに報告した。開発現場を指揮するレズリー・グローヴス少将（当時）も同席した。F

DRは翌月十二日に死去したため、最後の「進講」となった。マンハッタン計画は最高機密であり、副大統領から昇格したトルーマン新大統領は何も知らされていなかった。スチムソンから計画の存在を告げられたのは、FDRの死からおよそ二週間が経った四月二十四日のことだった。

たった一発で一つの都市を破壊できる人類史上最も恐ろしい兵器が、四カ月以内に完成することや英国との共同開発事業であることが説明された。スチムソンが戦後に残した論文[*2]には明示的に書かれてはいないが、核兵器を実際に使用する場合は英国の同意が必要であることも伝えたに違いなかった。

FDRは、トルーマンに外交マターについてはいっさい関わらせていなかった。トルーマンはFDRに副大統領に指名されるまでは一介の上院議員にすぎず、外交経験もなく軍事の専門家でもなかった。この日、スチムソンとグローヴスは、専門家で構成された特別専門委員会を設置し、核兵器使用の是非を検討させることにトルーマンの同意を得た。メンバーには、ジェイムズ・バーンズ（この時期は民間人、四五年七月三日から国務長官）、ウィリアム・クレイトン国務省次官補、ラルフ・バード海軍省次官らが選ばれた。

六月一日、同委員会は、できるだけ早期に日本に対して核爆弾を使用すること、爆撃の効果が最も高いと見込まれる軍需工場およびその周辺の住宅建物をターゲットにすること、日本に対する事前警告はしないことの三点を決め大統領に報告した。

委員会メンバーは核兵器の凄まじい破壊力を十分すぎるほどにわかっていた。原爆使用を決めたものの、いささかの躊躇《ちゅうちょ》があった。核兵器の使用を事前警告すること、あるいは人口希薄な山間部への使用も考慮していることからそれがわかる。

しかし、どちらのオプションもスチムソンが反対した。「そうした手ぬるいやり方では日本を降伏させることはできない」[*3]という理由だった。こうして広島（八月六日）、長崎（八月九日）に原爆が落とされた。

一九七一年九月二十九日、米国はある機密文書を公開した。上記専門委員会メンバーだったラルフ・バード海軍省次官がスチムソンに宛てた四五年六月二十七日付の短い書簡[*4]である。

「日本に対して原爆投下の数日前に警告を出すべきと信じます。（中略）この数週間で、日本政府は降伏の機会を探っていることは確実だとわかってきました。予定される三首脳会談（注：ポツダム会談）後に我が国の使節が日本の代表と中国の沿岸部のどこかの都市で会い、ロシアの状況（日ソ中立条約の破棄と対日戦参戦）を説明する。そのうえで、原爆の使用についてあらかじめ警告することができます。そして同時に、（降伏後の）天皇の立場や無条件降伏後の日本に対する扱いを（具体的に）説明するのです。こうした（丁寧な）説明こそが（降伏を模索する）日本が求めているものです」

「私の提案に沿ったアクションを起こすことで我が国が失うものは一つもありません。重要な問題であるだけに前向きな検討を切に望むものです。（中略）（原爆を使用しない方法がないか）とにかく試してみるべきなのです」〈（　）内は筆者注〉

バード次官は、専門委員会の結論にどうしても同意できなかったのである。民間人を標的にした原爆使用には怒りが湧く。それでもバード次官のような人物がいたこと、そして彼の書簡を米国政府が秘密解除したことに、米国の良心の小さな欠片《かけら》を見るのである。

＊1：ヴァネヴァー・ブッシュ、ジェイムズ・コナント

＊2、3：Henry Stimson, The Decision to use the Atomic Bomb, *Harper's Magazine*, February 1947

＊4：Bard Memorandum, June 27, 1945
http://www.dannen.com/decision/bardmemo.html

「悪魔の涙」——京都、広島の命運を分けたもの

歴史文献には数え切れないほどの人物が現れる。彼らの人生と彼ら自身が起こした、あるいは遭遇した事件を紐解《ひもと》き、それを紡いでストーリーを構成する。それが歴史家の仕事である。文献に現れる人びとにも、生きている人間に会ったときのように、好き嫌いを感じるものである。歴史家にとって、過去の人物への好悪の感情は、仕事を続けるうえでのエネルギーといってもよい。好奇心を止《や》むことなく刺激するからである。

しかし戒めていることがある。好悪の感情は大切にしても、人物を善悪で判断しないことである。いまを生きる者は過去の人びとの決断や行動の結果を知っている。結果がどう出るかわからない不透明なときに行なった判断を、結果を知っている者が批判するのは傲慢だ。ましてや善悪の判断などできるもの

ではない。

過去の人物評価がどれほど難しいものであるかの好例が、まさしく原爆の無警告投下を決めたヘンリー・スチムソンなのである。FDR政権は、日本をぎりぎりまで追い詰めた実質的最後通牒である「ハルノート」を突き付けたが、彼は陸軍長官としてそれを進めた政権幹部だった。

スチムソンは共和党員であった。共和党フーバー政権（一九二九〜三三年）では国務長官を務めた。それ以前にはフィリピン総督（一九二七〜二九年）であっただけに、アジア（人）通の自負があった。アジア人は脅かせばおとなしくなる。それが彼がフィリピンで学んだ知恵だった。

国務長官時代に満洲事変（一九三一年）があった。抑制的外交を進めるフーバー大統領を批判し、日本に圧力をかけるべきだと強く迫った。筆者の手元に彼の書き上げた「極東の危機」がある。一九三六年（昭和十一年）に発行された『中央公論』の別冊付録（翻訳本）である。戦前、多くの日本人が彼の考えを読み込んだことが知れる。

米国のモンロー主義を日本が応用することは許さない。米国がその安全保障のためにカリブ海を米国の湖にし、中南米諸国に介入することは是とするが、日本が同じことをすることは絶対に認めない。そういって、日本の満洲国建国を強く批判した。

スチムソンは、社会ダーウィニズムの信奉者であり、優れた民族が世界を指導すべきだと信じた。この考えはナチズムにも通底する。また、米知識人の多くがいまでもそうであるように、「悪は悪、善は善。中間はない」（スチムソン日記）とする二元論が彼の判断基準だった。

一九四五年七月二十一日、彼はある報告書をドイツで受けた。米英ソ首脳と高官がベルリン郊外（ポツダム）に集まっていたときである。すでに記したとおり、五日前の七月十六日、世界初の原爆実験が成功していた。計画は順調で予定より早い日本本土投下が可能になることを報告書は伝えていた。同時に、原爆投下地を京都にしたいとするレズリー・グローヴス少将（マンハッタン計画総責任者）の要請も書かれていた（スチムソン日記）。

グローヴスは、京都駅の西にあった梅小路機関車庫付近を爆心地とすることを決めていた。スチムソンはそれを認めず変更を命じていたが、グローヴスは翻意を求めていた。

原爆を「無警告で都市に使用する」と決定したのはスチムソンであったが、その彼が京都への使用だけは頑として拒否した（その結果、広島が犠牲になった）。スチムソンはフィリピン総督時代、何度か日本を訪れ、京都を知っていた。その経験が、京都を原爆のターゲットから外させたのであろう。（京都の破壊を回避した一点にかぎって見たときに）彼が「善人なのか悪人なのか」と問われると、その答えに窮するのである。

無警告原爆投下を容認したスチムソンが京都の救世主であっては、美談にはならない。投下地選定に何の影響力もなかった美術史家、ランドン・ウォーナー博士（一八八一〜一九五五年）が作成した文化財リストが京都を救ったことにされた。博士は日本美術に造詣が深く、横山大観、柳宗悦、志賀直哉らと親交があった。この「美談創作」にはＧＨＱの一部局（ＣＩＥ：民間情報教育局）が関与した。[*1] 博士の顕彰碑は京都、奈良、鎌倉などにある。「悪魔の涙」が生んだ「幻の救世主」碑である。

＊1：吉田守男『京都に原爆を投下せよ』角川書店、一九九五年

チャーチルの歴史的大罪と嘘

日本ではなぜかチャーチルを評価する知識人が多いが、トルーマンに原爆の無警告使用を勧めたのはチャーチルであった。筆者は彼を評価しない。

そもそも、第一次世界大戦を起こしたのはチャーチルである。ヨーロッパ大陸での争いごとに英国が参戦しなければ、あの戦いはヨーロッパ大陸諸国間の戦いに終始し、彼らはどこかで落としどころを見つけていた。英国が局外にいれば、大英帝国諸国（カナダ、豪州、ニュージーランド、インド）も同盟国日本も参戦することはなく、世界大戦にはならなかった。もちろん、米国の参戦もなかった。

当時の英国はアスキス政権であったが、首相は介入に消極的であった。閣僚の大多数が静観を支持していた。それを強引に介入に導いたのは若き海軍大臣のチャーチルだった。同時代人の多くが、「チャーチルは本物の玩具（軍艦）を使った戦争ごっこをしたかっただけである」と彼の好戦的態度を批判した。そして第二次世界大戦は、第一次世界大戦がなければ起こらなかった。

一九二五年九月、チャーチルは『ポールモール』誌に、「人類は自殺の道を歩むのか」[*1]と題する論文を発表した。「かつては攻撃された都市の住民だけが死んだが、新兵器の登場で交戦国国民のすべてが殺されたり飢えたりする事態になった」と訴え、次々に開発される航空機や毒ガスなどの科学兵器の恐ろしさを憂えた。

この論文だけを読めば、誰しもがチャーチルの主張に納得し、人道的な倫理観をもった政治家であると考える。しかし、チャーチルのこの論考には重大な欠点があった。彼自身が毒ガスの使用を推奨《すいしょう》していたのである。この論文発表の五年前、英国は他の列強とともにボリシェビキ革命に揺れるロシア内戦に介入していた。彼は、「未開人（ボリシェビキを指す）に対して毒ガスを積極的に使うべきだ」と主張していた。[*2]

同論文は、チャーチルの友人であり妻クレメンタインのテニス仲間であった物理学者フリードリッヒ・リンデマン（オックスフォード大学物理学教授）のアドバイスを得て執筆された。そのこともあり、原子爆弾の可能性にも触れていた。「オレンジほどの大きさの爆弾がコルダイト爆薬一〇〇〇トンの力をもち、一撃で一つの都市を破壊する」可能性とその恐怖を書いていた。*3

日本の歴史書でケベック会談（第一回、一九四三年八月）について書くものはほとんどないが、この会談で日本の運命に関わる重大な決定がなされていた。秘密協定であり非公開であったが、のちに内容が明かされた（一九五四年四月五日、チャーチルの議会説明）。

チャーチルはカナダ・ケベックの地でルーズベルト大統領と、英米共同プロジェクトである原爆開発の進め方とその使用原則について協議し、次の四点について合意していた。

第一点は、開発された兵器（原爆）を互いを攻撃するために使わないこと。

第二点は、第三国にそれを使う場合は、他方の同意が必要であること。

第三点は、両国の同意がないかぎり第三国に「チューブ・アロイズ」に関わる情報を流さないこと。

第四点は、開発にあたって米国の負担が大きいことを認めること。[*4]

「チューブ・アロイズ」とは英国の「マンハッタン計画」のことである。日本にとって重要なのは第二の点であった。この合意は、米国が核兵器開発に成功したとしても、英国がその使用について同意しなければ使えないことを意味する。つまり、チャーチルが日本への原爆使用を容認しなければ、広島、長崎の悲劇は防ぎえたのであった。彼は自身が二十年前に発表した論文（「人類は自殺の道を歩むのか」）などとうに忘れていたのである。

チャーチルは言行不一致の見本のような人物である。「言」だけでなく、その「行」も併せ見なければ評価を誤ってしまう危ない政治家である。

＊1：英文タイトル：Shall we commit suicide?

＊2、3：Graham Farmelo, *Churchill's Bomb*, Basic Books, 2013, pp30-31
＊4：ハーバート・フーバー『裏切られた自由 上巻』草思社、二〇一七年、五〇二頁

民間人を殺すロジック

「われわれは陸ではドイツ陸軍を、海ではUボートを、空からは軍需工場を徹底的に破壊する。攻撃は容赦なく、さらに激しさを増すことになる」[*1]

米英ソ三国首脳が初めて一堂に会したテヘラン会談後に発表された共同コミュニケ（一九四三年十二月一日）の一節である。

このコミュニケには嘘がある。「空からは軍需工場を破壊する」としているが、連合軍は無差別都市爆撃を繰り広げていた。無差別空爆は一九四一年七月には、ルール、ラインラント地方に対する夜間爆撃で始まっていた。ドイツの対ソ戦が開始された一月後のことである。

航空機による都市空爆の高い効果については、第一次世界大戦で明らかになっていた。それだけに、空爆とそれによる民間人の被害についての倫理問題を英国空軍は早い時期から検討していた。この問題に結論を出したのはヒュー・モンタギュー・トレンチャードだった。彼は一九一九年から三〇年まで英国空軍のトップの地位にあり、「空軍の父」であった。彼は、空軍の目的は敵国の戦闘能力を徹底的に叩くことであると説いた。そこには「民間人の士気を挫く」ことも含まれていた。

首相に就任（一九四〇年五月十日）したチャーチルは、この方針が無差別都市爆撃を容認することになることをわかっていた。それでもこれを是とした。彼は、「すべてを犠牲にしても勝利する（Victory at all costs）」と就任演説（五月十三日）をしたが、ここで意味する「犠牲」には「文明人の人道的倫理観」も含まれていた。

英国は、外交上は、戦時における民間人の犠牲にセンシティブであり、第一次世界大戦の時期、国民のドイツへの憎しみを煽るために、ありもしなかったドイツ軍によるベルギー民間人虐殺（レイプ・オブ・ベルギー）を創作した。第二次世界大戦においても、ナチスは獣であり非道のかぎりを尽くしている、と主張した。それを止めることが連合国の戦いの大義だった。

英国空軍の無差別都市爆撃は、自らがナチス同様の非人道的国家になることであった。チャーチルは、これを正当化するレトリックを考えなくてはならなかった。「ドイツ人は民間人であっても軍の重要なパーツである」*2。これが枢軸国に対しての無差別空爆正当化のロジックだった。一方で、連合国の民間人は軍とは無関係の無辜《むこ》の民であった。米空軍もこのロジックに倣《なら》った。日本の民間人もすべて軍のパーツであった。

英国空軍はドイツ各地の都市爆撃を続けた。ドイツ東部の都市ドレスデンへの空爆はとくに激しかった。一九四五年二月十三日から翌日にかけて四回にわたって合わせて三九〇〇トンの爆弾を投下した。死者は二万五〇〇〇から三万五〇〇〇人と推定されている。米空軍が東京下町に大規模な空襲をかけたのは、ドレスデン空爆のおよそ一月後のことだった（三月十日）。二〇〇〇トンの爆弾が落ち、一〇万人が死んだ。

ドイツにも日本にもピカソはいなかった。彼の描いた「名画」ゲルニカは、ナチスの都市空爆の非道を視覚を通じて訴える。世界中の教科書に採用されナチスを糾弾するが、連合国軍を非難する絵は知られていない。両国の横網町公園には東京大空襲被災者の御霊を慰霊する堂（東京都慰霊堂）がある。ここにも米空軍の非道をビジュアルを通して伝える展示物はない。怒りを抑えた静かな鎮魂の空間があるだけである。日本人は怒りを直接的に表現することに不得手なのである。

＊1：Herbert Hoover, *Freedom Betrayed*, Hoover Institution Press, 2011, p385

＊2：Ben Peterson, Victory at Great Cost, Winston Churchill and the Allied Bombing of Dresden, p7

第5章

戦争指導者たちの死

「偉人」の死に様

釈明史観の歴史書では「偉人」とされている三人の人物（ルーズベルト、スターリン、チャーチル）が、あの大戦を惹起させた責任は大きい。

とりわけ、日本の保守にさえ高く評価されているチャーチルは、一九一四年八月初めの閣議において英国の参戦を強引に決定させた張本人である。すでに記したが、第二次世界大戦はベルサイユ体制の崩壊現象であった。セルビアとオーストリアの局地戦だけで終わらせえたヨーロッパ大陸の紛争に、英国が参戦したことで第一次世界大戦になった。英国の参戦がなければ、大英連邦国のカナダ、豪州、ニュージーランドあるいはインドが参戦することもなかった。

アジアに戦火が広がったのも、日英同盟により日本が参戦したことによる。ヨーロッパの局地戦を世界戦争にしたチャーチルの責任は極めて重い。先述のように、チャーチルの責任については『英国の闇 チャーチル』に書いたので、その詳細については同書にあたっていただきたい。

フランクリン・デラノ・ルーズベルト（ＦＤＲ）は、死に至る病を隠し通して四選（一九四四年十一月）を果たし、ソビエト有利の戦後体制（ヤルタ体制）をつくり上げて死んだ（一九四五年四月十二日）。

彼の病（皮膚がんの全身転移と考えられている）は進行し、晩年はジョージア州山中のコテージで執務した。その山荘はリトルホワイトハウスと呼ばれている。そこには仮面夫婦だったＦＤＲらしく、エレノア夫人の姿はなく、愛人の一人ルーシー（Lucy Mercer Rutherfurd）がいた。ＦＤＲの最期を看取ったのも彼女であった。

側近でさえも誰一人信用しなかったスターリンの死は壮絶であった（一九五三年三月五日）。発作を起こして書斎の床に倒れ横たわるスターリンに近づくことを誰もが怖れ、彼の容態を探ろうとしなかった。ようやく医師が呼ばれたときには手遅れだった。

チャーチルだけは、「まともな死に方」であった。国葬とされはしたが、筆者は、英国民は彼の愚かさにうすうす気づいていたような気がしてならない。そうでなければ、あの戦争の英雄を対独戦勝利直後の選挙（一九四五年七月）で敗北させるはずはない。ポツダム会談（一九四五年八月）では、選挙敗者として参加し、会談途中でクレメント・アトリー新首相（労働党）に英国代表の座を引き継がねばならぬ屈辱を味わった。それでも後日、再び首相の座に就き（一九五一～五五年）、老獪《ろうかい》政治家チャーチルのしぶとさを見せつけた。

本章ではこの三人の死に様を描写する。

キツネノテブクロとルーズベルトの最期

歴史研究者は、事件の現場に行きたくなるものである。研究者ではなくとも歴史好きは旅好きだ。歴史家や小説家の文章は、現場を見ることで生き生きとしたものになる。それが、読者に臨場感を与える。筆者も事件の現場に佇《たたず》みながら、当時の状況を資料を基に想像する。このプロセスがないと、落ち着いて文章が書けないのである。

旅の目的地は重い事件の現場だけではない。各地にある植物園、とくに薬草を栽培する薬用植物園にも足を運ぶことが多い。歴史描写にはほとんど役立たないが、薬草が著名人を救ったりあるいは殺したりするだけに、好奇心が刺激されるのだ。

日本では薬科大学が薬草園をもっている。毎年のように各地の薬草園を、なるべく梅や桜の時期に合わせて回る。薬草園にも数本の梅や桜の木がある。それが十分に日本の春を満喫させてくれる。

五月から六月ごろに花を咲かせる薬草にキツネノテブクロがある。背丈は四〇～五〇センチから一五〇センチになる。長い花茎に、穂が実るように白やピンクの大柄の花を咲かせる。釣《つ》り鐘《がね》状の花弁の内側に暗紫色の斑点《はんてん》を見る。キツネノテブクロには毒性がある。植物の毒は漢方薬の材料だ。この葉から薬用成分を抽出すると、ジギタリスと呼ばれる心不全の薬となる。いわゆる強心剤である。

FDRに心臓疾患の専門医ハワード・ブルーエンが付いたのは、一九四三年の暮れのことだった。主治医のロス・マッキンタイアは耳鼻咽喉科が専門であったが、早い時期にFDRに心臓疾患があることに気づいていた。

FDRは、一九四三年一月にカサブランカでチャーチルと会談した（カサブランカ会談）。マッキンタイアは、そこに向かう大統領搭乗機に高度九五〇〇フィート（二九〇〇メートル）以上での飛行を禁じた。高高度での心臓への負担を心配したからである。

ＦＤＲは一九四五年四月十二日に死んだ。心疾患で突然死したことになっている。しかし真の死因は、左眉周辺を原発病巣とする悪性黒色腫（皮膚癌）であったらしい。[*1]

四三年には、転移の影響と見られる心臓機能の低下が起きていた。年末には心臓専門医が必要になるほど悪化していた。十一月のテヘラン会談では見当違いの会話をし、二十八日のディナーを途中退席した。この会談ではソビエト周辺地域の共産化を容認した。病んだ大統領は、戦後の冷戦の種をすでに播《ま》いていた。

ブルーエン医師は鎮静剤を使用し、十分な休養と睡眠をとらせることを指示し、ジギタリスの処方を勧めた。副作用が心配されるこの薬の処方が決まったのは、一九四四年三月三十一日の医療チームの会議のことであった。[*2]ジギタリスはその効果を見せた。この年の大統領選で四選を果たすほどにＦＤＲの身体を一時的に回復させた。そしてヤルタ会談（四五年二月）では、日本の固有領土だった千島列島までスターリンに「プレゼント」して二カ月後に死んだ。

この四年半後、ある男が死んだ（一九四八年八月十六日）。日本を「対米戦止む無し」に追い込んだ「ハルノート」を起草したハリー・デクスター・ホワイトである。経済学の知識に欠ける財務長官ヘンリー・モーゲンソー・ジュニアを支えた財務省高官であったが、一九四五年に自首した二人のソビエトスパイ（イーゴリ・グーゼンコ、エリザベス・ベントレー）からの情報で、ソビエトに機密情報を流していることが疑われていた。

一九四六年初め、危機感をもったFBI長官エドガー・フーバーは、トルーマン大統領に警告したが、大統領はこれを聞き入れなかった。[*3] ホワイトは、米国際主義者の念願の一つであったIMF創設（一九四五年十二月）に貢献していた。

一九四八年になるとホワイトのスパイ容疑は一層深まった。下院非米活動調査委員会で証言を求められたのは八月十三日のことである。この三日後にホワイトは死んだ。ジギタリスの大量服用が疑われる五十五歳の男の死だった。[*4] 身柄が拘束され、証言が得られていれば、ルーズベルト、トルーマン両政権に巣食ったソビエト・スパイ網の実態や、「ハルノート」作成の詳しい経緯もわかったはずだった。

ジギタリスを服用した二人の男と日本の辿《たど》った運命を思うと、キツネノテブクロの可憐《かれん》にも見えるうつむいた花弁が恨めしく見えて仕方がない。

＊1：スティーブン・ロマゾウ、エリック・フェットマン『ルーズベルトの死の秘密』草思社、二〇一五年

＊2：同右、一六二頁

＊3：Amy Knight, *How The Cold War Began*, M&S, 2005, p110

＊4：John Koster, *Operation Snow*, Regnery History, 2012, pp206-207

スターリンの妄想による医師団粛清

齢《よわい》を重ねると死に様を考えるようになる。同時に他者の死に方が気にかかる。英文学者の中野好夫（一九〇三～八五年）もそうだった。昭和四十四年（一九六九年）に『人間の死に方』を上梓し、歴史上の有名人の最後の日々を描いた。彼はトルストイ、スウィフト（『ガリバー旅行記』作者）、フロイト、親鸞《しんらん》など八人を選んだ。

中野は強烈な左翼思想家であった。本来であれば、マルクス、レーニンあるいはスターリンの一人ぐらいは観察の対象にしてしかるべきであるが、それはしていない。とくにスターリンの死は異常だっただけに、なぜ彼の死を対象としなかったのか不思議である。

スターリンは一九五三年三月に亡くなっているから、中野には十分な考察時間があった。しかし、スターリンを対象にしないという「無作為」の「作為」

を見せた。

スターリンは自らの権力基盤を絶対化するためには手段を選ばなかった。レーニンは彼の危険性に気づいていた。レーニンは一九二四年一月に亡くなるが、その少し前には、ソビエト共産党書記長に就任していたスターリンをその職から外したほうがよいと書き残していた。ロシア革命（ロシア暦十月革命）と、対独戦争休戦交渉の成功（ブレスト・リトフスク条約）はトロッキーの功績が大きかったが、スターリンは、レーニンの後継は自身であるとする虚構の物語をつくり上げた。一九四〇年にはトロッキー暗殺に成功した。

対独戦争あるいは対英米外交の表や裏で活躍した軍幹部、外交官、情報収集に手柄のあったスパイらをも容赦なく排除した。一九三六年末ごろから始まり、三八年まで続いた大粛清（グレイトパージ）では、公式記録だけでも一五〇万人以上が拘束され、およそ六八万人が銃殺された。実際の数字はこの倍にのぼると推定されている。

周囲に敵なしの状況をつくり上げたスターリンも忍び寄る老いには勝てな

かった。一九五〇年代に入ると疲れやすくなり、めまいや動脈硬化の症状に悩むことになる。彼は一八七八年生まれだから、古希《こき》を過ぎていた。

一九四九年十月にはすでに二度目の心臓発作を経験しており、しゃべりにいささかの障害が起きた。長年の部下の名を思い出せないこともしばしばで、階段の上り下りにも介添えが必要になった。[*1] そうでありながら公式には健康を装った。

第一九回ソビエト連邦共産党大会（一九五二年十月十七日）で、スターリンは、「恒久和平と人民の民主主義」と題するスピーチを行なった。「元気に」演壇に立ったスターリンが、いつまでも鳴りやまない歓声と手拍子で、最初の言葉を発するタイミングがつかめずに戸惑う様子が映像に残っている。

一九五三年一月十二日夜、スターリンは最高会議幹部会メンバー五人を連れボリショイ劇場に出かけ、ポーランド人音楽家のコンサートを楽しんだ。『プラウダ』紙が、九人（内六人はユダヤ系）の高名な医師がソビエト高官の暗殺を企図していたと発表したのはこの翌日である。

のちに「ドクターズ・プロット（Doctor's Plot）」と呼ばれる医師団粛清事件が始まった。[＊2] この日以降、多くの優秀な医師が拘束され、拷問を受けた。スターリンは忍び寄る死を自覚していたのか、周囲の医師が自分の命を狙っていると妄想した。

＊1：Georg Manaev, 5 Illnesses of Joseph Stalin, *Russia Beyond*, November 13, 2020

＊2：Joshua Rubenstein, *The Last Days of Stalin*, Yale University Press, 2016, pp65-66

「息ができずに死んでいくようだった」

このころのスターリンは執務時間を極端に短くし、モスクワ郊外の別荘（ダーチャ）で必要な書類に目を通した。彼にはお楽しみが二つあった。一つは、書斎のソファに横になっての読書。もう一つはお気に入りの幹部との歓談や映画鑑賞だった。マレンコフ、フルシチョフ、ベリア、ブルガーニンがお気に入りだった。

一九五三年二月二十八日（土曜日）にもこの四人と映画を鑑賞し、明け方まで冗談交じりの歓談を楽しんだ。四人が二台の車に分乗し、ダーチャを出たのは朝の五時を過ぎていた。スターリンはその夜（朝）も一人で眠りについた。ダーチャには寝室が複数あった。暗殺を極度に恐れる彼は、眠る部屋はその夜の気まぐれで決めていた。[*1]

侍従やボディーガードは、正午ごろには朝食の要求があると思い準備していた。しかし、スターリンは一向にその姿を現さなかった。不審に思ったが、誰一人としてスターリンが眠る寝室を探ろうとしなかった。スターリンから呼ばれないかぎり、誰も寝室に入ってはならない厳重な規則があったからだった。

スターリンは、いつまでたっても姿を現さなかった。クレムリンからはスターリンの決裁を求める書類の束が届いていた。ボディーガードがようやく動いたのは午後十時（一九五三年三月一日、日曜日）になってからだった。規則破りの処罰を怖れる彼らは、メイドのマトリョーナ・ペトロヴナに様子を探らせることにした。メイド務めの長い女性だったから、仮にスターリンが憤っても処罰はなかろうと説得した。

彼女はスターリンの眠る部屋をまず探さなければならないはずだったが、その必要もなかった。書斎の床にナイトガウンのままで横たわるスターリンを見つけたのである。失禁でその着衣は濡れていた。意識はあったらしく、ペトロヴナに何事か伝えようとしたが、不自然な音にしか聞こえない息音がするだけだった。[*2] その知らせに驚いたボディーガードは、セミョーン・イグナチエフ（国家保安相）に異変を知らせた。イグナチエフは自身で判断することに怯え、マレンコフとベリアに指示を仰いだ。

ダーチャにはマレンコフ、ベリア、フルシチョフの順でやってきたが、彼らもスターリンに近づこうとしなかった。スターリンはこのころにはいびきをかき、ただ眠っているだけのようにも見えた。[*3] 結局、彼らは、何の指示もせず帰っていった。意を決してスターリンに近づくことを決めたのは、ダーチャ警備の副長官ピョートル・ロズガチェフだった。スターリンに届けられている書類の届けを口実にした。ロズガチェフも、書斎のカーペットの上に横たわったままのスターリンを見た。

スターリンはすでに意識が混沌としていた。「ソファに移りますか」との問いに、かすかにうなずいた。ボディーガードらが彼の身体をソファに移し、ようやく冷えた体に毛布を掛けた。

日も変わった三月二日午前三時ごろ、ベリアとマレンコフが再びやって来た。スターリンの履く靴を脱がせたのはマレンコフだった。ロズガチェフは、スターリンの症状は重篤《じゅうとく》だと訴えたが、二人はそれを聞き流した。とくにベリアは、「スターリンはただ眠っているだけだ。余計なことでわれわれを煩《わずら》わすな」と叱ったらしい。

ここに至っても、ただ一人の医師も呼ばれていない。幹部たちはスターリンが死の間際にあることに気づいていた。彼らがポスト・スターリン体制の在り方を協議していることからそれが知れる。妙に気持ちを高ぶらせているベリアを、フルシチョフは警戒した。[*4]

結局、医師を呼ぶことを決めたらしいが、この決定の経緯はよくわからない。呼ばれた医師らもスターリンに近づくことを怖れた。ようやく意を決したのは、パーヴェル・ルコムスキー（第二モスクワ医学校教授）だった。彼は、「触れば火傷でもしそうな真っ赤な鉄塊を触るかのように震えながら触診した」[*5]。

スターリンは、この時点では手遅れの症状を見せていた。右手右足は麻痺《まひ》し、肝臓が大きく肥大し腹部から盛り上がっていることは容易に視認できた。ルコムスキーの「治療」は、入れ歯を外し、額を冷やし、浣腸《かんちょう》し、医療用の「蛭《ひる》」

八匹に耳から血を吸わせることだけであった。[*6]

医師団粛清事件で拘束されていた病理学者ヤコブ・ラポポートへの拷問が止んだのはこのころだった。彼は、獄吏《ごくり》から唐突に、「チェーンストークス呼吸」の症状への対処法を尋ねられた。脳梗塞などで倒れた患者が見せる無呼吸と外呼吸の異常なサイクルが「チェーンストークス呼吸」である。

「その症状が出ていれば、苦しみぬいて必ず死に至ります[*7]」

三月五日午後九時五十分、ラポポート医師の見立てどおり、スターリンは息を引き取った。「彼の苦しみは見るに堪えなかった。あたかも首を絞められて息ができずに死んでいくようだった[*8]」と描写されている。

これが、粛清や人為的飢饉で二〇〇〇万人から六〇〇〇万人もの人命を奪った男の最期だった。

先に、左翼学者中野好夫は、八人の有名人の死を描いたと書いた。彼の生きた時代にスターリンの死に関わる資料はなかったかもしれない。しかし、仮に資料があっても中野はスターリンの死を考察の対象にはしなかっただろう。見たくないものは見ない。これが左翼思想家の常である。

＊1：Joshua Rubenstein, *The Last Days of Stalin*, Yale University Press, 2016, p10

＊2、3：同右、p11

＊4：同右、p14

＊5：同右、p14およびWorld Biographical Encyclopedia（prabook.ccm）「Pavel Yevgenevich LUKOMSKY」の項を参照
https://prabook.com/web/pavel.lukomsky/951103

＊6：同右、p15

＊7：同右、p16

＊8：Robert Wilde, Joseph Stalin's Death, ThoughtCo., December 24, 2018
https://www.thoughtco.com/how-did-stalin-die-1221206

政界に居座ったチャーチルの晩年

チャーチルは、多くの読者が誤解していると思うが、国民に選ばれて首相になったわけではない。これまでも書いてきたようにFDRは、チェンバレン首相に強烈な圧力をかけ、ヒトラーとの外交的妥協を妨害した。ポーランドに対する独立保障宣言（一九三九年三月三十一日）は、英国の外交政策の進路決定をポーランドに丸投げしたに等しかった。ヒトラーが求める旧ドイツ領土の返還交渉におけるポーランドの「素直な」意思決定の足枷《あしかせ》となった。

FDRが、英国にナチス政権との外交的交渉による妥協を勧奨するジョセフ・ケネディ駐英大使に、「チェンバレンの背中を押してでも対独強硬外交を迫れ」と指示していたことは、のちの大使自身の証言でわかっている。

チェンバレンは、ハーバート・フーバー大統領が証言するように、ヒトラーの狙いは東方への生存圏拡大であり、必ずソビエト（スターリン）との戦いを始めると「読んで」いた（『裏切られた自由』）。この見立てはフーバーのそれと一致するもので、同時代人にとって「普通の感覚」だった。フーバーも、チェンバレンの発したポーランド独立保障宣言の異常さに驚いた。

チェンバレンの決定は、自身の意に沿わないものであったことは想像に難くない。ケネディ大使らが警告していたように、ドイツの軍事力（陸軍、空軍力）は英国を圧倒していた。ポーランドへの独立保障を根拠に対独宣戦布告（一九三九年九月三日）したものの、やはり戦前の危惧どおり英国（そしてフランス）の力だけでドイツに勝利することは不可能であった。

ドイツ軍の圧倒的戦力を前にして、ナチスとの外交的妥協の是非を論じる会議が開かれたのは、一九四〇年五月二十七日のことである。ムッソリーニが仲介の労をとると打診していたのである。この会議で、外交交渉拒否を激しく主張したのは、やはりチャーチル海相であった。ハリファックス外相も同じ態度であった。

チェンバレン首相が退陣を決意したのは、この会議が主戦論に決したときであった。国王（ジョージ六世）に、戦時内閣の首班にチャーチルを推し、チェンバレンは辞任した。つまり、前述したように、チャーチルは国民に支持されて首相になったのではない。意地悪い見方をすれば、ヒトラーとの戦いがあったからこそ、首相の座を射止められたのである。

一般の歴史書は、チャーチルを偉大な指導者と描くため、一九四五年七月から八月のポツダム会談中（対独戦争勝利後）に彼が選挙で敗れたことを合理的に説明できない。歴史書がいかに彼を偉大な指導者と称賛しても、英国民はチャーチルが戦争好きの政治家であることを知っていた。だからこそ、彼にはとても戦後の英国再建を任せられないと考えたのである。

チャーチルは、首相の座を降りはしたものの、議員としての当選を続けただけでなく、野党（保守党）党首の立場を維持した。返り咲きのチャンスを狙いながら、趣味の油絵に割く時間も増やしていた。

一九四九年夏、彼は南仏にバカンスを楽しみ、港町リビエラをのんびりと描いていた。チャーチルが突然に右肩、右足の感覚を失ったのはこのころであった。

このことは秘密にされ、「休暇中の海水浴で悪寒が生じたことがあったがすぐに回復した」と説明された。たしかに彼は、右半身に感じた無感覚症状から回復して英国に戻ったから、必ずしも嘘ではなかった。

一九五一年の選挙に保守党が勝利すると、首相に返り咲いた（十月二十六日）。チャーチル復権の理由は複雑だが、英国民は労働党がめざした福祉国家（Welfare State）建設の拙策に失望し、深刻化する冷戦が不安だったのである。換言すれば、ソビエトとの冷戦（潜在的戦争）があったからこそ、再び首相の座に就けたのであった。ソビエトと連合を組んだ第二次世界大戦の愚策の張本人に、その結果として現出した冷戦の対応を任せる皮肉（喜劇）だった。

一九五三年六月二十三日、チャーチルはアルチーデ・デ・ガスペリ伊首相の歓迎ディナーの席にいた。彼はその歓迎スピーチのさなか、突然しゃべることができなくなり、椅子に座りこんだ。再び心臓発作が起きたらしかった。

翌日、閣議を終えたチャーチルはチャートウェルの邸宅に引き籠《こも》った。相当に深刻な容態だったらしいが、国民には過労と説明された。冷戦のさなかにあって、彼の健康状態は国家機密だった。エリザベス女王には病状が深刻であることは知らされていた。英国メディアも状況を嗅ぎ付けたが、報道を控えることで合意した。[*1]

チャーチルの主治医モラン卿（チャールズ・ウィルソン）は、病状非公開の責任者であった。チャーチルが一九五〇年、五一年にも軽い心臓発作に襲われたことも隠していた。モラン卿は、一九四五年二月、チャーチルに付き添ってヤルタにいた（ヤルタ会談）。彼は、ルーズベルト大統領が死相を見せていたことにたちまち気づき、何事もないかのように振る舞う米国代表団の態度を訝《いぶか》り批判した。しかし、今度は彼自身が「主人」の病を隠す立場に陥っていた。

チャーチルは、発作を起こすたびに回復していたが、一九五五年四月、首相の座を降りることを決めた。アンソニー・イーデンがその後を襲った。チャーチルは一九六四年まで下院議員として政界に居残ったが、実質は余生を楽しむ引退生活であった。

一九六五年一月十五日、チャーチルは再びの心臓発作に襲われた。これが最後の発作となった。九日後にその心臓は動きを止めたのである（一月二十四日）。九十歳であった。

＊1：Allan B. Schwartz, Medical mystery: Winston Churchill's most secret battle, *Philadelphia Inquirer*, Nov 24, 2017

終章

戦争のリアリズム

地底の大本営

二〇一五年秋、信州を旅した。小諸《こもろ》、上田、上山田、長野と千曲川《ちくまがわ》に沿った旅であった。小諸山中の石壁に懸かる釈尊寺《しやくそんじ》観音堂（布引観音）。上田市に残る鎌倉室町期の三重塔の数々。荒砥城址《あらとじようし》（上山田）では眼下に善光寺平《ぜんこうじだいら》、顔を上げれば青空に白く棘《とげ》刺す北アルプスの峰々も見えた。信州の空気が心地よかった。

しかし旅の最終目的地、長野市松代《まつしろ》で見た光景と空気はまったく違うものだった。松代は、大河ドラマ『真田丸』の影響で賑わっていた。松代城址も真田宝物館《ほうもつかん》も人が溢れていた。どんよりとした空気を吸ったのは地上ではなかった。松代中心部から少し外れた小高い三山（舞鶴山《まいづるやま》、象山《ぞうざん》、皆神山《みなかみやま》）の地下を走る壕の中であった。

地下壕の総延長はおよそ一〇キロメートル。碁盤の目のように走っている。昭和十九年、帝国陸軍は、本土決戦に備えて、大本営や政府各省をこの地に移すことを決めた。掘削工事は、同年十一月から終戦の日まで続いた。

入り口で借りたヘルメットを装着し、公開されている部分を歩いた。地下でありながら空気は乾き、いまはただ無機質な岩盤を剝《む》き出しにしているだけの壕も、当時は生活が可能なほどの造作も進んでいたらしかった。

最奥部までを往復するにはおよそ二十分かかる。そこには目を楽しませるものは何もない。地下水も漏れ出てはいない。鉱山跡や鍾乳洞《しょうにゅうどう》とはまるで違う異質な空間であった。いまとなれば長野の地底に大本営を移し戦争を継続させるなど狂気の沙汰である。無謀な計画はなぜ進められたのか？「狂気の原因は軍国主義にあり」とすればそれで済む。しかしそんなふうな解釈では、あの戦争の全体像はつかめない。

一九四三年一月、モロッコ大西洋岸の港湾都市カサブランカで、フランクリン・ルーズベルト（ＦＤＲ）大統領とウィンストン・チャーチル首相が会談した（一月十四～二十四日）。十一日間にわたって主としてヨーロッパ戦線における戦争遂行計画を協議した。

最終日の記者会見でFDRは次のように語った。

「（私とチャーチル首相は）ドイツ、日本およびイタリアには無条件降伏を要求することを決定した」

この発言にチャーチルは驚いた。無条件降伏要求など協議してはいなかった。そのときの模様を自身の回顧録（*The Hinge of Fate*）で書いている。

「すべての敵国に無条件降伏を要求する、と大統領が一月二十四日の記者会見で述べるのを聞いたが、それにはいささか驚いた。イスメイ将軍も同様に驚いたようだった。私は大統領に続いて発言したが、（驚きながらも）彼を支持し、彼の言葉を追認した」

イスメイ将軍はチャーチルの補佐官である。軍人であるだけに、無条件降伏要求のもつインパクトを本能的に理解した。

後日、FDRの発言を知らされたスターリンも驚いた。無条件降伏要求を決めてしまうことは、ドイツに最後の一兵まで戦わせることを決めたに等しかった。自らの手を、自身の出席していない場で縛られてしまったことに憤った。

米政府や軍の高官も、FDRの唐突ともいえる無条件降伏要求の発言に驚いた。国務長官のハルも、アルバート・ウェデマイヤー将軍もこの発言を危惧した。

ところが、これからの戦いのありように重大な影響を与える内容でありながら、それはたんなる思い付きの発言だったのである。そのことをFDR自身が告白している。

「突然記者会見が決まって、ウィンストンも私も十分な準備ができていなかった。その時に（南北戦争時に）グラント将軍が南軍に無条件降伏を要求したことを思い出した。それで、気づいた時には（三国に）無条件降伏を要求すると言ってしまっていた」（Robert E. Sherwood, *Roosevelt and Hopkins*）

FDRは歴史書を手にしなかった。そのことは同時代の人びとが証言している。たまに戦記物を読んだ程度らしい。そんな人物であったから、無条件降伏要求が敵国の心理に与えるインパクトなど考慮しなかったとしても不思議ではない。

ドイツも日本も、国民に受け入れるべき条件を示せない以上、戦いを止めることが難しくなった。ＦＤＲは、側近からの修正アドバイスも聞かなかった。その頑迷な態度がどこから来たのか。筆者にはいまだ理解できていない。

米海軍油槽艦「ミシシネワ」と回天

本書の序章では、戦場カメラマン、ロバート・キャパを取り上げた。キャパほどは名は知られていない戦場カメラマンに、ジョー・ローゼンタールがいる。一九四五年二月二十三日、六人の米海兵隊が硫黄島摺鉢山《すりばちやま》に星条旗を揚げた。その様を見事な構図で撮った写真家だから、ほとんどの読者が彼の作品を見ているはずだ。

ローゼンタールは、この三カ月ほど前の一九四四年十一月二十日、ウルシーの海軍基地にいた。ウルシーは、西太平洋カロリン諸島にある環礁《かんしょう》で、日本軍の撤退後に米国海軍の主要基地となっていた。この日早朝五時四十五分、湾内に碇泊《ていはく》する一隻の軍船から突如《とつじょ》、黒煙が上がった。この港の碇泊域に入るには環礁の東部にわずかに口をあけた、外洋に通じる隘路《あいろ》を通過しなくてはならな

ジョー・ローゼンタールがウルシー海軍基地で撮影した写真
(https://www.ussmississinewa.com/wp-content/uploads/2018/03/Rosenthal-photo-Labeled-1.jpg)

い。その海中には、潜水艦の侵入を防ぐ鋼鉄製の防潜網《ぼうせんもう》が張られている。したがって、黒煙を上げる軍船が、敵潜水艦の攻撃によって炎上したものか事故なのかは、にわかにはわからなかった。ローゼンタールは、「残念ながら」その船から遠い位置にいた。それでも、「事故」の模様をフィルムに収めることができた。

二〇〇一年八月、ウルシー環礁を統治するミクロネシア連邦は緊急事態を宣言した。七月から同海域で石油の流出が始まっていた。同政府は米海軍に救援を求めた。石油の流出源は、ローゼンタールが半世紀以上前にフィルムに収めた米海軍軍船（油槽艦「ミシシネワ」）

からのものであった。ミシシネワは沈没時には石油を満載していた。防水隔室に納まっていた石油が、半世紀の時を経て漏れ始めたのである。

出動した米海軍海運システム司令部の報告書によれば、最大三〇〇万ガロン（一三〇〇万リットル）が船内に残っていると推定された。[*1] 二〇〇三年二月、米海軍は船内に残る燃料を抜き取る作業を終えた。海底のミシシネワには、船体とともに沈んだ多くの遺体が残るが、米海軍は回収していない。あの戦いの海の墓標《ぼひょう》として留めるためである。

ミシシネワの乗組員には生存者がいた。その一人ジョン・メアが亡くなったのは二〇〇五年のことである。彼は息子のマイケルにミシシネワ沈没の顚末《てんまつ》を世に知らしめてほしいと遺言していた。二〇一四年、マイケルは、父との約束を果たす書を上梓した。その書名が『ＫＡＩＴＥＮ』[*2] であることからわかるように、ミシシネワは、特攻魚雷「回天」の攻撃で沈んでいた。

特攻戦術を構想したのは二人の日本海軍士官（仁科関夫《にしなせきお》、黒木博司《くろきひろし》）だった。ミシシネワが、仁科中尉の操《あやつ》る回天の攻撃で沈むまでのドキュメントには（著者は日本語の原資料を読めないから）間違いはある。それでもアメリカ側の情報を知るうえでの資料的価値は高い。

ミシシネワの生存者がこの事実を知らされたのは一九九九年のことだった。日米の記録を照合して、ミシシネワが仁科中尉の操る回天の犠牲になったことが確定したのは二〇〇一年のことだ。二〇一〇年には、当時回収された遺体の中に、一体だけ米海軍将兵のものとは考えられないものがあったとの証言も出た。仁科中尉の遺体であったと考えられている。

一九九九年、ミシシネワの生存者は友の会を結成した。[*3] 彼らは、日本の回天関係者（回天顕彰会）と交流し、互いの経験を語り合った。『ＫＡＩＴＥＮ』の上梓で父の願いを叶えたマイケル・メアはその書の最後を、回天会会長、小灘利春氏の言葉で締めくくった。「特攻は愛するものを守りたいとの強い思いから生まれたのです」[*4]。マイケルが、日本「軍国主義」の象徴とされている特攻の書物の掉尾《ちようび》を小灘氏の言葉で飾ったのは、あの戦争を、恨みや善悪の感情から距離を置いたリアリストの眼で見た証《あかし》なのである。

＊1：U.S.Navy Salvage Report USS Mississinewa Oil Removal Operations, May 2004, p9
＊2：Michael Mair & Joy Waldron, *Kaiten*, Berkley, 2014
＊3：同右、 p285
＊4：同右、 p286

おわりに

「文庫版まえがき」に書いたように、歴史解釈には「縦糸」と「横糸」がある。縦糸が事件の連鎖とすれば、横糸はその連鎖を読み解くカギとなる政治経済思想や人脈などである。この二つの異なる糸をバランスよく記述することが歴史家には求められる。筆者は、これまでいくつかの通史を上梓したが、縦横のバランスを考えながらの執筆を心がけてきた。しかし、そのバランス感覚のゆえに、諸処の事件の記述を適当なところで切り上げなくてはならないジレンマがあった。歴史の真実はその細部にありと考えているだけに、時にもっと深く書いておきたいと思うのだが、全体のページ数とのバランスを気にかけざるを得ない。

本書では、全体のページ数を増やさずに、事件の細部に深く切り込んでみようと考えた。つまり、冒頭の喩《たと》えでいえば、縦糸（事件の連鎖）をいささか太くした織物（歴史解釈）を編む作業をしてみようと考えたのである。ゲラを読み返すと、予想したとおり、いささか「ごわごわした肌触り」の織物に仕上がった思いがある。それでも読者の方には、この「肌ざわり」を味わっていただけたらと願っている。

筆者はいまこの「おわりに」を実家のある伊豆下田で書いている。ここにある下田港は、川端康成の名作『伊豆の踊子』の最後の学生と踊子の別れの場面に登場する。

この小説のストーリーはあらためて説明する必要もないであろう。故郷を舞台にしたこの作品は何度も映画化されているが、そのほとんどを見た。記憶に残るのは美空ひばりが主演した、原作に近い白黒作品（一九五四年）と、鰐淵《わにぶち》晴子と津川雅彦の初々しさがほとばしるカラー映画（一九六〇年）の二本であった。

映画化作品は別にして、この川端の小説を真の意味で鑑賞するには、川端の伊藤初代との強烈な失恋を頭に入れておく必要がある。[*1] 大正六年（一九一七年）、川端は旧制第一高等学校に入学した。高校二年のとき、本郷にあるカフェ・エランの女給伊藤初代を知った。エランは当時の著名人谷崎潤一郎や佐藤春夫などが足繁《あししげ》く通う人気カフェで、初代は谷崎の仕草を真似たりして客を笑わせる人気者であった。

カフェの女将《おかみ》マスは、帝大法科の学生と恋に落ち、台湾銀行に就職する彼について行くため店を辞めた。マスは、気に入っていた女給初代と多賀を台湾に帯同することを決め、郷里の岐阜に連れ帰った。しばらくすると、事情が変わった。二人の帯同が難しくなり、多賀は東京に戻り、初代はマスの長姉テイの暮らす岐阜西方寺預かりとなった（実質養女）。

カフェ・エランに戻った多賀から、人気者だった初代の居所を知った学生たちの中にはわざわざ岐阜を訪ねるものがいた。その一人が川端であった。彼を誘ったのは友人の三明永無《みあけえいむ》だった。彼らが初めて岐阜を訪れ、友人らと初代を宿に連れ帰って手相などを見て他愛《たわい》なく遊んだのは、大正十年（一九二一年）九月半ばのことである。初代は初め、川端のぎょろっとした目を気味悪がっていたようで、彼に惹かれてはいなかった。

川端らは十月にも再度岐阜を訪れ、初代を誘い出している。川端が、初代との結婚を決意したのはこのときであった。初代は、当時の少女らしく父親の許しがあればとの条件付きで結婚を承諾した。川端は早速友人ら四人と学生服姿で、初代の父が用務員をしていた岩手県江刺郡（現奥州市江刺岩谷堂）の岩谷堂尋常高等小学校に向かった（十月十五日）。翌十六日には、父忠吉から、「結構でございます。みなさんさえよければさしあげます。娘には大変気の毒な事をしておりますから」と許しを得たのである。

川端は、すぐさま結婚の準備を始めた。菊池寛に相談し、親戚から当座のお金を工面した。そんなときに、突然彼女から結婚を止めたいとの手紙が届く（十一月七日）。驚いて岐阜に向かって会った初代の外貌は惨めであったらしい。何とか翻意をさせようとしたが、結局は絶交したいとの手紙が送られてきた（十一月二十四日）。

彼女は心変わりの理由を川端に語ってはいない。川端が、その理由を初めて知ったのは別れからおよそ二年が経った大正十二年（一九二三年）の十月ごろである。彼女は、義父（僧侶）に犯されていたのである。この事件が公知となったのは、昭和二十三年に発刊された『川端康成全集』第四巻の後書きにおいてであった。川端が『伊豆の踊子』を発表したのは、彼が「事件」を知ってから三年経った大正十五年（一九二六年一月）のことであった。

こうした経緯を知れば、『伊豆の踊子』という川端の代表作の解釈は、初代との破談の真相が公知となる昭和二十三年以前とその後では当然に変わる。この事件の川端の作品に与えていたインパクトについては、すでに多くの文芸評論家が語っているのでここであらためて加えることはない。

筆者が、ここでこのエピソードを書いたのは、文芸作品の解釈でも、そしてまた歴史記述（解釈）においても「歴史の細部」が重要であるという点なのである。川端作品の読者は、彼の初代との別れを知らない、あるいはあえてそれを語らない文芸評論家の『伊豆の踊子』論を読みたいとは思わないに違いない。

本書を読了された方にはよくわかっていただけると思うが、英首相ウィンストン・チャーチルの米国を参戦させる凄まじいまでの執念は、二人の娘を使った米国高官へのハニートラップに如実に表れている。だからこそ、彼は真珠湾攻撃の報を聞いて「踊った」のである。チャーチルの仕掛けたハニートラップは「歴史の細部」である。川端の例でいえば、初代との破談の真因である。

チャーチルの執念こそが、一九四一年から激化するルーズベルト政権の苛《いじ》めにも似た対日外交の裏側にあった。彼の思惑に触れない歴史書はそれがいかにスムースな肌触りの織物（歴史解釈）になっていても、真の歴史を理解するには物足りない。そのことは、本書の読者にはよくわかっていただけるのではないかと思っている。

本書には、月刊誌『Ｖｏｉｃｅ』に連載（ニッポン新潮流〈歴史論争〉、二〇一六年一月〜）の内容を一部、再構成のうえ収録した。最後になるが、連載担当であるＰＨＰ研究所の永田貴之さんには本書の構成のアイデアをいただいた。面倒な編集作業には今回も堀井紀公子さんの手を煩わせた。ここに感謝したい。

二〇二二年春　伊豆下田にて　渡辺惣樹

＊1：川端の初恋については以下を参考にした。
戴松林「川端康成における初恋をテーマとした創作についての考察」千葉大学人文公共学研究論集36号、二〇一八年
川端康成と伊藤初代の青春：https://www.esashi.com/kawabata3.html

文庫版あとがき

久しぶりに帰国した日本の電車内で、受験生が世界史の参考書に懸命に格闘している姿を見た。二〇二五年一月のことである。高校で学ぶ歴史は拷問である。

私も大学受験では世界史を選択した。いまでも鮮明に覚えているが、質問の一つが「毛沢東の生まれた省を答えよ」*だった。いまでは信じられないかもしれないが、私の高校時代には共産主義思想にかぶれた高校生は沢山いた。東大の歴史学の教授はそうした「可愛い」高校生に数点でも下駄を履かせたい。そのための設問だとピンときた。

「そんなことは知るか」と憤りながら適当な省の名前を書き込んだが不正解だった。私の人生の中の不愉快な思い出の一つである。

当時のほとんどの学者は共産主義思想にかぶれていた。もちろん東大教授もそうだった。彼らはこの怪しい思想の拡散の尖兵になっていた。「毛沢東の生まれた省を答えよ」の設問はその証だった。

彼らの特徴は、その思想の伝播に都合の良い事件だけを取り上げて「歴史物語」を創作することにある。創作に不都合な事件は捨象される。

捨象された事象の典型が共産主義を民主主義の亜流と愚かにも理解した米国大統領フランクリン・デラノ・ルーズベルト（FDR）の異常な行動である。

彼の「容共」姿勢が、彼をしてスターリン好きにさせた。だからこそスターリンを親しげに「ジョーおじさん（uncle Joe）」と呼んだ。

そんなFDRを利用し戦争を惹起し、首相の座を狙ったのが英国首相ウィンストン・チャーチルだった。チャーチルは、英国のお家芸ともいえる諜報工作とりわけ外国に対しての工作を担当していたMI6を駆使して米国をヨーロッパの戦いに介入させた。

チャーチルが、いかに卑劣な政治家であるかについては、一九四〇年の大統領選挙への介入で「盟友」FDRを三選に導いた工作で理解できる。三選なったFDRは、チャーチルの意を汲んで徹底的に日本を虐めて真珠湾攻撃を誘導した。そして米国民の八割以上が反対していた対独戦争介入を成功させたのであった。そのことは第3章「英米の工作と真珠湾攻撃」で詳述した。

一昔前の日本なら、本書で書いた内容は根拠のないデタラメ、つまり陰謀論だと一蹴されたろう。しかし近頃は、そんな嫌な空気も薄まった。

ハーバート・フーバー大統領の残した『裏切られた自由』（草思社）、一九九一年のソビエト崩壊以降に公開された秘密文書。米国の公開したヴェノナ文書。そうした一級の一次資料が次々とあきらかになったからである。

本書を陰謀論とレッテル貼りはできるだろうが、新しく発見された資料に基づく本書に対するロジカルな反論は難しいだろう。

日本の歴史教育はいまだに、全体主義国家日独伊を叩きのめした英雄としてFDRやチャーチルを描く。教科書的「正統派」歴史家への抵抗は、彼らが意図的に（おそらく悪意をもって）隠してきた事実（事件）を知ることから始まる。

本書では、彼らが隠してきた重要な事件を深掘りした。

多くの読者は、その脳内に沈殿した歴史観が、実はご都合主義的歴史家による「創作」歴史教育の「賜物」であることに気付くに違いない。

その気付きがあれば、前述のフーバー大統領の大著『裏切られた自由』も、大部となった拙著『日米衝突の根源 1858-1908』『日米衝突の萌芽 1898-1918』（いずれも草思社文庫）も容易に読破できよう。

冒頭に書いた参考書と格闘していた受験生も、歴史嫌いにならず、いつかこうした本を通じて、歴史を学ぶ喜びを味わってくれるのではないか。

最後になったが、本書の文庫化を決めてくれたPHP研究所の永田貴之さん、編集を担当してくれた白地利成さんに感謝したい。

二〇二五年 桜月　著者

＊正解は湖南省

ま

や

ら

た

な

は

【人名索引】

本文写真

AFP＝時事
p.30

GRANGER／時事通信フォト
p.143

Imaginechina／時事通信フォト
p.153

著者紹介

渡辺惣樹（わたなべ　そうき）

日米近現代史研究家。1954年生まれ。静岡県下田市出身。東京大学経済学部卒業。日本専売公社（現・日本たばこ産業）に勤務したのち、日米近現代史の研究を始める。米英ほか歴史資料を広く渉猟し、日本開国から日米戦争に至る日米関係史を考究。米国側の視点を取り入れつつ、この間の歴史を国際関係のなかで俯瞰した著作を上梓して高い評価を得る。カナダ在住。

著書に『日米衝突の萌芽 1898－1918』（第22回山本七平賞奨励賞）『日米衝突の根源 1858－1908』（いずれも現在は草思社文庫に所収）、『戦争を始めるのは誰か』『第二次世界大戦 アメリカの敗北』（以上、文春新書）、『アメリカ民主党の崩壊 2001－2020』『アメリカ民主党の欺瞞 2020－2024』（以上、PHP研究所）、『英国の闇 チャーチル』『公文書が明かすアメリカの巨悪』（以上、ビジネス社）、訳書に『日本 1852』『アメリカはいかにして日本を追い詰めたか』『ルーズベルトの開戦責任』（以上、草思社文庫）などがある。

本書は、2022年2月にPHP研究所から刊行された『第二次世界大戦とは何だったのか』に加筆・修正を行なったものです。

PHP文庫　第二次世界大戦とは何だったのか
戦争指導者たちの謀略と工作

2025年4月2日　第1版第1刷

著者　渡辺惣樹
発行者　永田貴之
発行所　株式会社PHP研究所
東京本部　〒135-8137　江東区豊洲5-6-52
ビジネス・教養出版部　☎03-3520-9617(編集)
普及部　☎03-3520-9630(販売)
京都本部　〒601-8411　京都市南区西九条北ノ内町11

PHP INTERFACE　https://www.php.co.jp/

組版　宇梶勇気
印刷所　大日本印刷株式会社
製本所　東京美術紙工協業組合

ISBN978-4-569-90486-3

PHP文庫

日本史の謎は「地形」で解ける【日本人の起源篇】

竹村公太郎 著

九年ぶりのシリーズ第四弾！「日本語はなぜ発生音が少なく語彙が豊かなのか」「氷河期、日本人はどこにいたのか」などの謎を解く。

PHP文庫

教養としての「ローマ史」の読み方

本村凌二 著

ローマは、なぜ世界帝国になれたのか。繁栄が続くと、なぜ人は退廃するのか。古代ローマ史研究の第一人者が、新しい読み方を語る。

PHP文庫

世界の今を読み解く

政治思想マトリックス

茂木 誠 著

「保守」vs.「リベラル」は、もう古い。米国大統領選挙、中東問題、ウクライナ情勢など、複雑な世界の政治対立をシンプルに整理。